Presenteren

Taaltopics

Presenteren

Cees Braas

Judith Kat

Inge Ville

Vierde druk

Noordhoff Uitgevers Groningen | Houten

Ontwerp omslag: G2K designers, Groningen/Amsterdam
Omslagillustratie: iStockphoto

Eventuele op- en aanmerkingen over deze of andere uitgaven kunt u richten aan:
Noordhoff Uitgevers bv, Afdeling Hoger Onderwijs, Antwoordnummer 13, 9700
VB Groningen, e-mail: info@noordhoff.nl

0 1 2 3 4 5 / 14 13 12 11 10

ISBN 978 90 01 77443 1
NUR 810

Woord vooraf bij de vierde druk

Dit boek over presenteren is onderdeel uit de reeks *Taaltopics* en is bestemd voor studenten uit het hoger onderwijs. Tevens is het bedoeld voor diegenen die in hun dagelijkse werkzaamheden te maken hebben of te maken krijgen met het verzorgen van presentaties.

Het boek is ontwikkeld door docenten die werkzaam zijn aan de Hogeschool van Utrecht en aan de Hogeschool INHolland Haarlem. De stof en het oefenmateriaal is daar ook in de praktijk getoetst en in de loop der jaren aangepast.

Met dit boek zullen we niet de zenuwen voor een presentatie kunnen wegnemen; die horen er nu eenmaal bij. Wel kun je in dit boek volop adviezen en praktische tips verwachten. Daarmee kom je erachter wat er allemaal bij komt kijken om, ogenschijnlijk moeiteloos, een geslaagde en boeiende presentatie te houden. En met die wetenschap sta je heel wat zekerder in je schoenen als je een presentatie moet voorbereiden.

Je leest dit boek, houdt een oefenpresentatie, je krijgt commentaar, leest nogmaals tips en adviezen en je probeert het weer: veel oefenen en kritisch kijken naar je prestatie, dat is de enige manier om te leren spreken in het openbaar. Het loont de moeite om jezelf gedurende de hele schooltijd regelmatig te trainen bij verschillende vakken, mét, maar ook zónder video. Als je de kunst van het presenteren beheerst, beschik je over een uiterst effectief middel om een trapje hoger op de carrièreladder te komen. Ergens veel van weten is een absolute voorwaarde om verder te komen, deze kennis goed kunnen presenteren, is een absoluut noodzakelijke voorwaarde.

Dit boek is de herziene vierde druk. De vierde druk verschilt in een aantal opzichten van de derde. In het hele boek zijn meer illustraties en schema's aangebracht. Hoofdstuk 1 en 2 zijn fors herschreven om de (verder niet gewijzigde) inhoud toegankelijker te maken. Het hoofdstuk over audiovisuele ondersteuning is weer aangepast aan de laatste technische ontwikkelingen. Hoofdstuk 4 en 5 zijn ook aangepast. In hoofdstuk 4 worden verschillende suggesties gedaan hoe je je presentatie interactiever kunt maken en hoe je ook kunt voorkomen dat je al te eenzijdig gebruikmaakt van PowerPoint. In hoofdstuk 5 gaan we nu uitgebreider in op het beantwoorden van lastige vragen en er zijn ook aanwijzingen in opgenomen voor het presenteren met een groep, zoals in het hoger onderwijs nogal eens voorkomt. De voorbeeldcasus is apart in hoofdstuk 6 opgenomen. Ten slotte is een aantal nieuwe oefeningen toegevoegd.
Deze herziene vierde druk kan overigens naast de vorige druk worden gebruikt.

Evenals in de meeste andere publicaties wordt gedaan, is in dit boek omwille van de leesbaarheid (meestal) de 'hij'-vorm gebruikt voor aanduidingen van mannelijke én vrouwelijke presentatoren.

Wij bedanken alle collega's voor het kritisch lezen en becommentariëren van eerdere versies van dit boek. Speciale dank ook aan Gea Timmer, die meewerkte aan vroegere edities van dit boek.

Culemborg, Uitgeest, Zeist, juli 2009
Cees Braas, Judith Kat, Inge Ville

Inhoud

Inleiding

Dit boek gaat over het voorbereiden en uitvoeren van mondelinge presentaties. Daarbij spelen veel aspecten een rol. Al die verschillende aspecten worden in dit boek besproken.

In onze maatschappij is informatieoverdracht zeer belangrijk. De presentatie wordt in veel werksituaties ingezet om belangrijke informatie over te dragen. Bedrijven presenteren bijvoorbeeld een nieuw product voor personeel, klanten of pers. Reclamebureaus presenteren hun campagnes altijd mondeling aan de klant. Ook als je een onderzoek (bijvoorbeeld een marktonderzoek) hebt afgesloten, dan is een mondelinge presentatie het middel bij uitstek om collega's en leidinggevenden van je bevindingen op de hoogte te brengen. Of je nu in de profit- of in de non-profitsector werkzaam bent, overal krijg je met mondelinge presentaties te maken.

Wat verstaan we in dit boek onder een mondelinge presentatie? We noemen drie punten:
1 We richten ons uitsluitend op *presentaties met een zakelijk karakter*. Gelegenheidstoespraken komen in dit boek niet aan de orde.
2 Het leeuwendeel van de presentatie bestaat uit *mondelinge informatieoverdracht*, waarbij de gesproken tekst vaak wel wordt ondersteund door geschreven tekst of beelden.
3 We behandelen in dit boek zowel de monoloog als een wat meer interactieve presentatie waarbij het publiek betrokken wordt. Het publiek bij de presentatie betrekken kan door middel van vragen beantwoorden tijdens en na de presentatie, maar ook op andere manieren.

Het lezen van dit boek garandeert niet dat de luisteraars voortaan ademloos aan je lippen hangen. Niet iedereen is nu eenmaal een geboren redenaar. Je kunt spreken in het openbaar goed vergelijken met fietsen: het is niet iedereen gegund de Tour de France uit te rijden.
Maar gebruikmaken van een sportfiets zonder jezelf of anderen grote schade te berokkenen, is voor vrijwel iedereen weggelegd. Door de aanwijzingen uit dit boek op te volgen en je goed voor te bereiden, zal de presentatie ook jou beter afgaan. Bedenk echter altijd dat presenteren een vaardigheid is. En een vaardigheid maak je je nu eenmaal niet eigen door er alleen over te lezen; fietsen heb je ook niet onder de knie gekregen, doordat je ouders er elke avond een boekje over voorlazen. Voor fietsen en mondeling presenteren geldt: je het leert het alleen door het te *doen*.

Dit boek is als volgt opgebouwd. In hoofdstuk 1 gaan we in op het speciale karakter van mondelinge presentaties; we formuleren in dat hoofdstuk de eisen waaraan deze vorm van communicatie moet voldoen. In hoofdstuk 2 behandelen we hoe je een presentatie het best voorbereidt. In hoofdstuk 3 staat de structuur van de mondelinge presentatie centraal: we laten zien hoe je tot een goede opbouw komt en hoe je die vertaalt in een deugdelijke uiterlijke structuur en een spreekschema. Hoofdstuk 4 is gewijd aan ondersteuning van mondelinge presentaties. We bespreken de functie van allerlei hulpmiddelen die de presentatie ondersteunen. Je kunt dan denken aan PowerPoint, maar ook aan het laten zien van een voorwerp of het inlassen van een publieksactiviteit. Je krijgt tips om deze hulpmiddelen adequaat toe te passen. In hoofdstuk 5 staan we stil bij 'sprekersangst' en stellen we de persoon van de spreker en de spreektechniek aan de orde. Daarnaast gaan we wat dieper in op het stellen en beantwoorden van lastige vragen. Ook het presenteren met een groep komt aan bod in dit hoofdstuk. In hoofdstuk 6 is een uitgewerkte voorbeeldcasus te vinden, die je kunt zien als een toepassingsgerichte samenvatting van de vijf voorafgaande hoofdstukken.

Elk hoofdstuk behandelt in de laatste paragraaf veelvoorkomende valkuilen bij het concipiëren, voorbereiden en uitvoeren van een presentatie.

Extra oefenmateriaal is te vinden op www.taaltopics.noordhoff.nl

Motieven om te presenteren

1

In dit hoofdstuk gaan we in op de motieven om een mondelinge presentatie te houden. Ook bespreken we de verschillen tussen mondelinge en schriftelijke informatieoverdracht. Deze verschillen hebben grote consequenties voor de vorm en de inhoud van de boodschap. Enerzijds ben je bij een presentatie op een aantal punten in het nadeel, in vergelijking met het schrijven van een tekst. Anderzijds ben je op een aantal andere belangrijke punten bij een mondelinge presentatie aanzienlijk in het voordeel! We sluiten het hoofdstuk af met een overzicht van de verschillen tussen mondelinge presentatie en schriftelijke tekst.

Nou en...!

Afgang

Afgelopen week heb ik de langste tien minuten van mijn leven meegemaakt. Ik moest namelijk een korte toespraak houden voor een man of vijftig. En die toespraak heeft, mild uitgedrukt, de kans danig verkleind dat ik ooit nog het congres van de Verenigde Naties mag toespreken.

Hoewel ik andere sprekers graag mag bestoken met ironische, sarcastische of semi-grappige opmerkingen, ben ik volkomen hulpeloos als ik zelf voor een publiek sta. Voor welk publiek dan ook. Ik had het bijvoorbeeld al op school. Bij een spreekbeurt schoten de vlammen via mijn nek tot achter mijn oogbollen en in een oogwenk werd de pias van de klas de 'nerd' van de spreekbeurt. Tijdens mijn studie ging het niet anders. Sinds mijn studentenjaren heb ik – gelukkig – zelden meer voor een gezelschap hoeven spreken. Toen ze me onlangs vroegen een korte toelichting ergens op te geven voor een zaal met collega's heb ik dan ook 'ja' gezegd, in de hoop dat ik mijn spreekfaalangst zou zijn ontgroeid.

De steen op mijn maag wist ik de bewuste dag goed te camoufleren met druk geprat en luid gelach. Ik had dan ook het idee dat het allemaal wel los zou lopen. Het inleidende praatje van een collega maakte aan die illusie een eind. Hij zei zo ongeveer precies hetzelfde als wat ik wilde gaan zeggen. Toen ik dan ook naar het spreekgestoelte (een ongemakkelijk tafeltje op tepelhoogte) werd geroepen, stond ik al bij voorbaat met de mond vol tanden. Ineens moest ik improviseren over iets waar ik me slecht op voorbereid had. In mijn openingszin werden dan ook vijf 'eh's' geturfd. Dat was voor enkele goede collega's achterin de zaal genoeg om in een onbedaarlijk geluidloos, maar zeer zichtbaar gegrinnik uit te barsten. Paniek sloeg toe. 'Ik sta voor gek. Kom tot rust man en praat normaal!', raasde het door mijn kop. Andere collega's – met meer mededogen – zag ik bemoedigend knikken, alsof ze wilden zeggen: 'Toe maar jongen, je kan het.' Het maakte de ontreddering steeds groter. Vijf minuten lang heb ik een onsamenhangend

verhaal vol clichés en holle frasen staan afsteken. Ik heb geen idee wat ik precies gezegd heb, maar in mijn hoofd klonk het ongeveer als: 'Wellicht gaan de boeken vanuit het speerpuntgebeuren naar het loket van een A4'tje. Bovendien zijn we na zes maanden een half jaar verder, zodat we iets in de jubileumsfeer kunnen verzilveren.'

De vernedering was compleet toen de collega die de inleiding verzorgd had het woord weer nam en in drie zinnen uitlegde wat ik eigenlijk had moeten zeggen. Tot overmaat van ramp werd ik – als enige spreker van de dag – beloond met een luid applaus, waar de meelij van afdroop. Wrang lachend maar van binnen volkomen verdoofd ging ik weer zitten.

'Er zit ook een positieve kant aan' was de reactie van mijn vrouw, toen ik haar 's avonds van mijn afgang vertelde. 'Waarschijnlijk vragen ze je nooit meer een toespraak te houden.'

Oort

Bron: *Extra nieuws Culemborg*

Presenteren, spreken in het openbaar, een lezing houden, hoe je het ook noemt: diegene die de eer te beurt valt om deze activiteit tot een goed einde te brengen, heeft het er vaak moeilijk mee! En hoewel velen die ervaring delen, blijft het toch zo dat toehoorders een bepaalde prestatie verwachten, zodra er iemand opstaat om het woord te nemen. De situatie zoals in het voorbeeld hiervoor, geldt gelukkig niet voor elke presentatie. Als je dit voorbeeld leest, zou je de informatie misschien liever nooit mondeling willen overbrengen. Toch heeft een mondelinge presentatie in veel gevallen grote voordelen.

1.2   Waarom houd je een mondelinge presentatie?

Er zijn heel veel motieven om een mondelinge presentatie te houden. Voorop staan de motieven die te maken hebben met het doel dat je bij de toehoorders wilt bereiken. Denk aan het overtuigen of beïnvloeden van je publiek. Ook het verwoorden van de gevoelens bij bepaalde bijzondere gelegenheden kan het doel zijn van een presentatie. Daarnaast zijn er motieven die meer met de situatie te maken hebben of met jouw particuliere doelstellingen. Denk aan presentaties die je opgedragen krijgt door je baas (of door een docent) en aan de mogelijkheden die een presentatie je biedt om je persoonlijke pr te verbeteren.

We zetten de motieven op een rijtje:
· informeren van je publiek;
· beïnvloeden van je publiek;
· gevoel verwoorden bij een bepaalde gelegenheid;
· scoren, indruk maken en/of opvallen;
· voldoen aan eisen die de omgeving stelt.

Het belangrijkste motief is: *informeren*. Veel mensen vinden het prettig om belangrijke informatie mondeling te verkrijgen. Schriftelijke informatie is er al genoeg. Zo wordt er bijvoorbeeld in veel organisaties volop gebruikgemaakt van e-mail. Veel informatie en belangrijke stukken worden via de mail aan medewerkers doorgegeven. Vaak wordt vergeten dat het aantal mailtjes per dag enorm kan oplopen en dat het voor veel medewerkers ondoenlijk is alle mail goed te lezen. Vaak denkt 'men' dat de informatie overgedragen is als een stuk per mail verstuurd wordt. Terwijl dat in de praktijk veelal niet het geval blijkt te zijn. Een stuk kan wel verstuurd zijn per mail, maar dat betekent niet dat de ontvanger het stuk ook gelezen heeft. Daarom kan een mondelinge presentatie een welkome afwisseling zijn om belangrijke informatie aan de medewerkers van een organisatie mee te delen.
Het doel dat je met een mondelinge presentatie wilt bereiken kan ook een stapje verder gaan dan alleen het informeren van je publiek, namelijk het *publiek beïnvloeden* en overtuigen.

Natuurlijk bestaan er ook *gelegenheidstoespraken*, zoals bij een bruiloft, een jubileum of een begrafenis. Deze presentaties hebben meestal tot doel iemand in het zonnetje te zetten, te bedanken, te eren of te herdenken. In feite is het doel van zulke toespraken de gevoelens onder woorden brengen die de aanwezigen bij die gelegenheid ervaren. Hoewel de gelegenheidstoespraak een belangrijk soort presentatie is, vind je er in dit boek weinig informatie over. In dit boek beperken we ons vooral tot informatieve en overtuigende presentaties.

Goed, we nemen aan dat het hoofddoel van je presentatie is: het informeren of overtuigen van de toehoorders. Dat neemt niet weg dat er nog andere motieven kunnen meespelen als je een presentatie verzorgt. Het gaat dan om motieven die vooral voor de spreker zelf van belang zijn. Dat kunnen negatieve motieven zijn, zoals 'overleven' of gezichtsverlies voorkomen, maar vooral ook positieve, als indruk maken of opvallen. We kunnen er rustig van uitgaan dat iedereen zijn of haar presentatie zonder gezichtsverlies wil doorkomen. Het heeft ook weinig zin alleen dat als persoonlijke doelstelling te kiezen; het is zaak dat je hoger mikt dan het voorkomen van rampen. Je kunt een presentatie die je houdt namelijk ook gebruiken om jezelf in de picture te spelen in een organisatie, *indruk te maken op anderen* of *op te vallen bij je baas*. Kortom: om te *scoren*!

Als je een flitsende presentatie neerzet, dan heeft iedereen vast ontzag voor je…, maar dan moet je de presentatie natuurlijk wel tot een succesvol einde brengen. Daarom is het heel belangrijk om altijd jezelf te blijven, om *authentiek* te zijn. Het is altijd beter om jezelf te blijven in plaats van een rol te spelen, dat houd je meestal toch niet lang vol. Juist door jezelf te blijven, kun je je onderscheiden van alle anderen die ook presentaties houden. Als je je publiek serieus neemt, ben je oprecht in wat je vindt en zegt. In de media wordt er ook dankbaar gebruikgemaakt van authenticiteit. Juist oprecht verdriet of oprechte blijdschap levert kijkcijfers op bij de omroepen. Je onderscheidt je door authenticiteit ook vaak van anderen die zomaar een verhaaltje houden, zonder daar oprecht in te zijn.
Je kunt natuurlijk een flitsende PowerPoint maken met veel mooie effecten en een knallende lay-out. Maar als je begint met een persoonlijk verhaal over iets dat je zelf hebt meegemaakt (dat natuurlijk wel een link moet hebben met de inhoud van je presentatie) dan maak je waarschijnlijk veel meer indruk dan met die flitsende PowerPoint. Dat kan immers iedereen, maar jezelf zijn, dat kun jij alleen maar! In hoofdstuk 3 gaan we nader op authenticiteit in.

Een laatste belangrijk motief om te presenteren is omdat je opleiding of de organisatie waar je werkt je dat *opdraagt*. Onder dit motief vallen bijvoorbeeld ook de afstudeerpresentatie en de presentatie uit het voorbeeld in paragraaf 1.1. Als het een opdracht is, bestaat het gevaar dat je niet echt gemotiveerd bent om de presentatie te houden, het 'moet' nu eenmaal. Probeer dan toch altijd te benoemen waarom het voor jou goed is de presentatie te houden. Misschien kun je *een positieve indruk maken* en zodoende *scoren* bij je publiek. Of je kunt jezelf bewijzen dat je een goede presentatie kunt houden, als je maar wilt. En natuurlijk kun je je toehoorders *overtuigen* van het nut en de kwaliteit van jouw afstudeeronderzoek. Zo maak je van de nood een deugd!

1.3 Verschil mondelinge presentatie – schriftelijke tekst

Stel: je wilt je collega's graag informeren over een belangrijke kwestie. Je besluit een informatief stuk te schrijven om per mail te verspreiden. Het lijkt je een goed idee je collega's ook te informeren door middel van een mondelinge presentatie. Je zou dan kunnen denken dat je één stuk kunt maken, en dat je dan klaar bent. Maar dat is niet waar: juist de vorm van communicatie, mondeling of schriftelijk, heeft grote consequenties voor de vorm en de inhoud van de boodschap. Zo weet menige student dat lessen waarin de docent een stuk van het boek voorleest, bepaald niet de meest inspirerende lessen zijn. Zelfs als dat boek interessant en goed geschreven is!

Er bestaan dus grote verschillen tussen een presentatie en een geschreven stuk, zelfs als ze over hetzelfde onderwerp gaan, hetzelfde doel nastreven en aan hetzelfde publiek gericht zijn. We noemen de volgende verschillen tussen geschreven tekst en presentatie.
- Een schrijver kan zijn woorden zeer zorgvuldig kiezen en de gekozen formuleringen later nog eens herzien. Een spreker moet zijn formulering grotendeels improviseren.
- Een schrijver kan gedetailleerd ingaan op ingewikkelde zaken. Een spreker moet nadrukkelijker de grote lijn vasthouden in zijn verhaal.
- Een schrijver moet vooraf zo precies mogelijk inschatten hoe de lezers de tekst zullen begrijpen. Een spreker kan de boodschap extra non-verbale informatie meegeven. Bovendien kan de spreker inspelen op reacties van het publiek.
- Een spreker moet er rekening mee houden dat het publiek het verhaal kan blijven volgen. De schrijver is daar minder van afhankelijk: de lezer kan immers terugbladeren of iets nazoeken als hij de tekst niet helemaal begrijpt?
- Een spreker moet op dít moment en in déze specifieke situatie het verhaal over het voetlicht weten te krijgen. De schrijver hoeft zich hier minder zorgen om te maken, omdat de lezer zelf een geschikt moment kiest om de inhoud tot zich te nemen.
- Een spreker kan door zijn persoonlijkheid en persoonlijk optreden sterke invloed uitoefenen op het publiek. Toehoorders zijn immers enthousiaster, aandachtiger en 'makkelijker te porren' dan lezers? De schrijver moet wel heel bijzonder kunnen schrijven, wil hij erin slagen zijn lezers ook zo aandachtig en enthousiast te krijgen.

1.4   Overzicht voor- en nadelen mondelinge presentaties

We zetten in tabel 1.1 de verschillen tussen presentatie en geschreven tekst op een rij, geformuleerd in voor- en nadelen ten opzichte van elkaar. Daarbij kijken we naar voor- en nadelen voor de zender (schrijver/spreker) en de ontvanger (lezer/luisteraar).

Welke conclusie kun je trekken uit het overzicht in tabel 1.1 wanneer je een presentatie wilt gaan houden? We noemen er twee:
1 Als spreker heb je in vergelijking met een schrijver veel meer middelen om het publiek iets duidelijk te maken. Het effect van de boodschap hangt niet alleen af van je woorden, maar ook van het gebruik van non-verbale middelen en van je persoonlijkheid als spreker. En door juist goed gebruik te maken van jouw persoonlijkheid kun je je onderscheiden van alle andere sprekers.
2 Uit alle nadelen van een mondelinge presentatie kun je wel opmaken dat een goede presentatie maken veel valkuilen kent. In de verdere hoofdstukken van dit boek kun je lezen hoe je deze valkuilen kunt vermijden en hoe je een goede presentatie in elkaar kunt zetten!

Tabel 1.1 **Overzicht verschillen schriftelijke tekst en mondelinge presentatie**

	Schriftelijke tekst	Mondelinge presentatie
Voordeel	*Schrijver* • Je kunt een groter beroep doen op het concentratievermogen van de ontvanger/ het publiek. • Je hebt meer mogelijkheden om diepgaand een onderwerp te belichten. • Je kunt alle mogelijke tekstuele middelen benutten om de boodschap zo duidelijk mogelijk te doen overkomen. • Je kunt heel lang schaven aan de tekst om een zo duidelijk mogelijk resultaat te krijgen.	*Spreker* • Je hebt naast woorden de beschikking over non-verbale middelen als houding, gebaren en stemgebruik om de boodschap duidelijk te maken. • Je krijgt direct feedback van het publiek zodat je nog kunt bijstellen als het publiek signalen geeft dat de boodschap niet overkomt (*onrust, vragende gezichten*). • Je kunt je onderscheiden van andere sprekers door je eigen persoonlijke inbreng te benutten/ uit te buiten.
	Lezer • Je kunt het stuk lezen in je eigen tempo, wanneer je wilt en waar je wilt.	*Luisteraar* • Je kunt direct na de presentatie reageren; je kunt vragen stellen of tegenwerpingen maken. • Je krijgt de informatie in gesproken tekst, én waarschijnlijk ondersteund in woorden in een PowerPointpresentatie.
Nadeel	*Schrijver* • Je hebt alleen de beschikking over woorden om alle informatie duidelijk te maken. • Je krijgt pas feedback als de tekst klaar is en je er verder geen invloed op kunt uitoefenen.	*Spreker* • Je hebt maar één kans om de informatie succesvol over te dragen. • Het houden van een goede presentatie vereist heel veel inlevingsvermogen: het publiek hoeft niet per definitie geïnteresseerd te zijn in je verhaal. • Je moet dus extra aandacht besteden aan de aantrekkelijkheid van de boodschap. • Je moet het niveau van het publiek goed inschatten. Je mag niet te hoog inzetten: het publiek moet de presentatie in één keer kunnen volgen, je mag ook niet te laag inzetten: het publiek voelt zich dan niet serieus genomen. • Je moet op natuurlijke wijze in één keer helder kunnen formuleren.
	Lezer • Je kunt de auteur geen vragen stellen/ geen tegenwerpingen maken. • Je krijgt de informatie alleen in woorden.	*Luisteraar* • Je hebt maar één kans om de informatie te horen, je kunt niet even wegdromen, je moet je goed concentreren.

Samenvatting

Met een mondelinge presentatie heb je altijd een bepaald doel. Dat doel kan zijn:
• informeren van je publiek;
• beïnvloeden van je publiek;
• gevoel verwoorden bij een bepaalde gelegenheid;
• scoren, indruk maken en/of opvallen;
• voldoen aan eisen die de omgeving stelt.

Een mondelinge presentatie verschilt enorm van een schriftelijke tekst. De belangrijkste verschillen zijn:

- een presentatie stelt hogere eisen aan de begrijpelijkheid en de aantrekkelijkheid van de boodschap
- doordat je als spreker bij een presentatie meteen geconfronteerd wordt met je publiek, ben je in het voordeel ten opzichte van een schrijver: je kunt direct reageren als het publiek je bijvoorbeeld niet begrijpt of als er onrust is.

Voorbereiding van de presentatie

In hoofdstuk 1 hebben we laten zien wat de belangrijkste verschillen zijn tussen een geschreven en een gesproken tekst. In dit hoofdstuk behandelen we hoe je een gesproken tekst kunt voorbereiden. We gaan daarbij uit van een vijftal punten waarop je je moet oriënteren: het doel van je presentatie, het publiek, het onderwerp, de gewenste indruk en de situatie. Ook bespreken we wat er mis kan gaan bij de oriëntatie op deze punten. Voordat we deze vijf punten behandelen, gaan we eerst in op het onderscheid tussen presentaties en spreekbeurten en op het belang van een goede voorbereiding. Een checklist voor de presentatievoorbereiding sluit het hoofdstuk af.

2.1 Spreekbeurt versus presentatie

Als onervaren presenteerder ga je af op je eerdere ervaringen met spreken voor een publiek. Meestal bestaat die ervaring uit het houden van spreekbeurten in het voortgezet onderwijs. Oppervlakkig gezien lijken de overeenkomsten groot, maar een spreekbeurt is ingrijpend anders dan een presentatie! Zowel bij de spreekbeurt als bij de presentatie staat een persoon voor een groep die een afgerond verhaal vertelt. Hier kijken we vooral naar de verschillen, want die zijn van belang als je je gaat voorbereiden op een presentatie (zie tabel 2.1).

Tabel 2.1 Overzicht van de verschillen tussen spreekbeurt en presentatie

Spreekbeurt	Presentatie
• Onderwerp staat centraal	• Effect bij publiek staat centraal: het publiek moet iets gaan weten, iets gaan vinden of iets gaan doen
• Primair publiek: docent	• Primair publiek: alle aanwezigen
• Nadruk op zenden	• Nadruk op ontvangen
• Spreker moet iets	• Spreker wil iets
• Rode draad in het verhaal: onderwerp met daaromheen verzamelde informatie	• Rode draad in het verhaal: beantwoorden van een hoofdvraag die relevant is voor het publiek
• Overwegingen bij informatieselectie: – Heb ik genoeg om de tijd te vullen?	• Overwegingen bij informatieselectie: – Wil mijn publiek dit weten? – Versterkt dit mijn verhaal?

Let op: de termen 'spreekbeurt' en 'presentatie' worden niet altijd gebruikt in de hier gehanteerde – en benadrukte – betekenistegenstelling. Het zal zeker voorkomen dat de term 'presentatie' wordt gebruikt voor het aanduiden van de klassieke spreekbeurt.

Voorbeeld 2.1 illustreert het verschil in benadering van het onderwerp als het gaat om een spreekbeurt of om een presentatie.

> **Voorbeeld 2.1**
>
> Een student Commerciële Economie heeft bij een presentatieopdracht met 'vrij' onderwerp gekozen voor het onderwerp 'bier'.
>
> Bij de spreekbeurtbenadering zal deze student zich vooral laten leiden door de beschikbare informatie. Hij zal dan al gauw informatie tegenkomen als: hoe wordt bier gemaakt? Hoe lang bestaat het al? Welke soorten zijn er? Wat zijn bekende biermerken en -soorten in Nederland? Al snel is er voldoende informatie verzameld om de verplichte 10 minuten te vullen. Een centrale vraag ontbreekt, alle besproken deelonderwerpen cirkelen rondom het centrale thema bier.
>
> Als het gaat om een presentatie zou de benadering anders moeten zijn. Als het onderwerp 'bier' vaststaat, zou deze student zich moeten afvragen wat zijn commercieel-economische medestudenten over dit onderwerp zouden willen weten. De hoofdvraag van de presentatie zou dan bijvoorbeeld kunnen zijn: hoe ziet de Nederlandse biermarkt eruit? Of: hoe slagen Nederlandse bierproducenten (Heineken, Grolsch) erin hun producten zo succesvol internationaal op de markt te brengen? Deelonderwerpen als de bereidingswijze van

bier of de geschiedenis van het Heineken-concern vallen dan al snel af. Om deze hoofdvraag te beantwoorden, zal de presentator gericht informatie moeten gaan verzamelen. Met als resultaat: een verhaal dat niet bestaat uit goedkope vulling, maar een verhaal met inhoud, leidend tot duidelijke conclusies. Een verhaal dat interessant is voor het aanwezige publiek.

Natuurlijk is de tegenstelling tussen een spreekbeurt en een presentatie hier wat aangedikt. Er zijn ongetwijfeld voorbeelden te vinden van spreekbeurten met hoge nieuwswaarde die wél publiekgericht zijn, en goed bedoelde presentaties die de middelbareschoolspreekbeurt ternauwernood ontstijgen.

2.2 Belang van een goede voorbereiding

Veel onervaren sprekers verwachten dat op het *moment suprème* de heilige geest in hen zal neerdalen. Die onberekenbare macht is er verantwoordelijk voor dat het publiek gedurende de hele presentatie ademloos geboeid aan hun lippen hangt. De geestigheden borrelen vanzelf op, de structuur is glashelder en de formuleringen puntgaaf: ze houden met hulp van bovenaardse ingevingen een geweldige presentatie. De realiteit is echter vaak anders. Waarschijnlijk is de enige sensatie die zo'n zorgeloze spreker tijdens zijn verhaal overvalt: 'Had ik het maar beter voorbereid!' Geslaagd voor de vuist weg spreken is maar heel weinigen gegeven. Bijna altijd gaat aan een geslaagde presentatie een gedegen voorbereiding vooraf.

Een presentatie voorbereiden heeft de volgende belangrijke voordelen.
- Je kunt beredeneerde keuzes maken doordat je vooraf hebt vastgesteld welk doel je met je presentatie wilt bereiken en wat het publiek aan je onderwerp interesseert.
- Je hebt de uitvoering van de presentatie beter onder controle, omdat je precies weet wat je wilt gaan vertellen in welke volgorde. Daardoor houd je energie vrij om te letten op het spreektempo, op je houding en op het contact met het publiek.
- Je kunt je (eventuele) zenuwen beter de baas dankzij het gevoel dat je *in control* bent.

Kortom: een goede voorbereiding van je presentatie heeft als belangrijk voordeel dat je je tijdens de presentatie helemaal op de presentatietechnische aspecten kunt concentreren (zie figuur 2.1).

Figuur 2.1 **Voorbereiding van de presentatie**

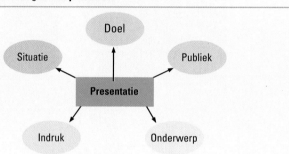

In dit hoofdstuk geven we richtlijnen voor de voorbereiding. Je oriënteert je op het *doel*, het *publiek*, het *onderwerp*, de *situatie* waarin je gaat presenteren, en op de *indruk* die je als spreker wilt achterlaten bij je publiek. Deze vijf punten komen in de hierop volgende paragrafen aan de orde. Natuurlijk staan deze vijf punten in nauw verband met elkaar: een bepaalde keuze bij het ene punt heeft ook consequenties voor de invulling van het andere punt (zie voorbeeld 2.2).

▓ Voorbeeld 2.2

Stel dat je als gemeentevoorlichter een presentatie moet houden over het milieubeleid. Voor verschillende publieksgroepen zul je heel verschillende verhalen houden. Voor een groep uit 6 vwo zul je niet ingaan op beleidsmatige zaken; doel van de presentatie is waarschijnlijk informatieoverdracht. Tevens wil je de betrokkenheid van de jongeren vergroten. Als je publiek een organisatie is die milieubelangen verdedigt, dan zal de inhoud heel anders zijn: deze luisteraars zijn goed op de hoogte van milieuwetten en -regels. Ze weten ook wat de gemeente wel en niet aan milieubeleid doet. Doel van deze presentatie zal dan ook zijn: verdedigen van het milieubeleid dat de gemeente voert. Voor een vereniging van landbouwers of voor vertegenwoordigers uit het bedrijfsleven liggen de zaken natuurlijk weer heel anders. Je wilt hun actieve medewerking aan de plannen van de gemeente. Daartoe zul je goede argumenten moeten aandragen.

In dit voorbeeld bepaalt de publieksgroep ook in hoge mate het onderwerp en het doel van de presentatie. Zo beïnvloeden deze factoren elkaar altijd. In dit hoofdstuk leggen we je een aantal korte vragensets voor over publiek, doel, onderwerp, gewenste indruk en situatie, die je tijdens de voorbereiding op een presentatie kunt langslopen.

Nooit te lang
Houd overigens rekening met het gegeven dat een goede presentatie maximaal een minuut of dertig mag duren. Uit allerlei onderzoeken is namelijk gebleken dat het publiek, dat gedwongen is passief te luisteren, na ongeveer twintig minuten, maar zeker na dertig minuten, zijn concentratie kwijtraakt.

2.3   Oriëntatie op het doel

Je bereidt de doelgerichtheid van je presentatie voor door de volgende drie vragen te beantwoorden.

Vragen over het doel
1 Wat is het doel van mijn presentatie?
2 Is het doel te realiseren?
3 Hoe kan ik mijn doel bereiken?

Deze vragen behandelen we in de volgende subparagrafen.

2.3.1   Wat is het doel van mijn presentatie?

Je kunt met een presentatie verschillende doelen voor ogen hebben, zoals figuur 2.2 aantoont.
1 *Informeren.* Voorbeeld: het publiek weet na afloop van de presentatie in grote lijnen welk beleid de gemeente Utrecht gaat voeren tegen foutparkeerders.
2 *Meningsvorming.* Voorbeeld: het publiek heeft zich na je presentatie een mening gevormd over de wenselijkheid dat ouders zicht houden op het internetgebruik van hun kinderen.
3 *Overtuigen.* Voorbeeld: je toehoorders ondernemen na afloop een bepaalde actie, bijvoorbeeld dat zij voortaan vaker biologische groenten en vlees kopen in de supermarkt.

Figuur 2.2 **Doel van de presentatie**

Formuleer het doel van je presentatie tijdens de voorbereiding al zo concreet mogelijk. Hoe concreter, hoe beter. Wat moet het publiek na jouw presentatie in ieder geval weten? Wat moeten je toehoorders aan hun mening hebben bijgesteld? Of: wat wil je dat ze gaan doen? Het geformuleerde doel is later richtlijn voor de selectie van informatie: hoe preciezer je het doel formuleert, des te makkelijker het wordt om de juiste informatie te kiezen.

Bedenk bij de formulering van het doel dat er altijd sprake is van een doel op korte en op lange termijn. Het kortetermijndoel is hetgeen je nú met déze presentatie concreet bij dít publiek wilt bereiken: informeren, beïnvloeden of overtuigen. Daarnaast is er het langetermijndoel, het pr-doel zou je kunnen zeggen (zie figuur 2.3).

Figuur 2.3 **Korte- en langetermijndoel liggen in elkaars verlengde**

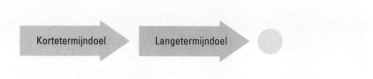

Je wilt als presentator ook overkomen als deskundig, betrouwbaar, gevat enzovoort. Je wilt als persoon of namens de organisatie die je vertegenwoordigt een goede indruk achterlaten. Misschien slaag je er niet eens in je doel op korte termijn te realiseren, maar op termijn werkt het zeker in je voordeel als je een goede indruk hebt weten te maken. Vaak liggen korte- en langetermijndoel in elkaars verlengde. Maar ze kunnen ook met elkaar in strijd zijn, zoals in voorbeeld 2.3 en figuur 2.4.

> **Voorbeeld 2.3**
> Je kunt als voorlichter voor de taak worden gesteld ambtenaren te informeren over de voorgenomen reorganisatie binnen de gemeente. Daarbij zullen ongetwijfeld gedwongen ontslagen vallen. Je publiek zal allerminst enthousiast reageren. Daarnaast heb je als officiële zegsman/-vrouw van de gemeente ook de taak een positief beeld van die gemeente te geven. In dit geval zijn lange- en kortetermijndoel strijdig met elkaar. Je zult, ondanks het slechte nieuws dat je brengt, uiteindelijk de ambtenaren er toch van moeten doordringen dat de gemeente een goede werkgever is die zich bekommert om het lot van haar werknemers. In dit geval zul je extra middelen in de strijd moeten werpen om beide doelen te realiseren.

Figuur 2.4 **Korte- en langetermijndoel zijn met elkaar in strijd**

2.3.2 Is het doel te realiseren?

Als je het doel van de presentatie hebt geformuleerd, is de volgende vraag of dat doel ook *realiseerbaar* is. Een publiek van overtuigde autorijders overhalen om de auto voortaan te laten staan, is te hoog gegrepen. Een klas vmbo'ers willen uitleggen hoe genenmanipulatie werkt en wat daarvan het nut is, is wel erg ambitieus.

Probeer in te schatten of het doel dat je jezelf stelt reëel is. Heb je daar twijfels over, dan zul je moeten bekijken of je het doel van de presentatie niet moet bijstellen of aanpassen. Als je daartoe geen mogelijkheden ziet, dan zit er niets anders op dan de presentatie niet te houden. Meestal valt er door bijstelling van het doel wel een mouw aan te passen. Of je een doel kunt realiseren, is voor een groot deel afhankelijk van de aanpak. Dit deel van de voorbereiding komt aan de orde in de laatste vraag: hoe kan ik mijn doel bereiken?

2.3.3 Hoe kan ik mijn doel bereiken?

Door de vraag 'Hoe kan ik mijn doel bereiken?' te beantwoorden, krijg je al een idee over de opbouw van je verhaal en de argumenten die je wilt gebruiken. Tevens fungeert de vraag als richtlijn voor informatie die je selecteert (zie voorbeeld 2.4).

> **Voorbeeld 2.4**
> Stel dat je een neutraal publiek zonder uitgesproken voor- of tegenstanders wilt overtuigen van het nut van reageerbuisbevruchting. Om dit doel te bereiken, zul je dan veel neutrale informatie moeten verzamelen: het publiek wil niet voorgekauwd krijgen welk standpunt het moet innemen; de luisteraar wil zelf een mening vormen. Je zult dan ook niet alleen argumenten naar voren brengen die de luisteraar van het nut overtuigen, je laat ook de keerzijde zien. Natuurlijk kun je het oordeel beïnvloeden door eerst de nadelen of argumenten tegen te bespreken en deze daarna te weerleggen door de voordelen. Zo krijg je tijdens de voorbereiding al voor ogen welke structuur en welke informatie je nodig hebt om het doel van de presentatie te realiseren. Natuurlijk speelt daarbij ook het publiek een grote rol.

Verhullende presentatievorm
Eventueel kun je voor je presentatie een vorm kiezen die niet direct lijkt te passen bij het doel dat je wilt bereiken. Zo kan iemand die een publiek wil overtuigen, ervoor kiezen zijn verhaal te brengen als was het puur informatief bedoeld. Anderzijds kan een spreker die zijn publiek wil informeren, kiezen voor een betoogvorm om zo zijn verhaal wat te verlevendigen. In het volgende hoofdstuk zul je deze benadering weer tegenkomen, als we ingaan op de *opbouw* van de presentatie en met name de vermelding van je bedoelingen in de inleiding.

Een keuze voor zo'n verhullende presentatievorm vereist wel dat je heel goed in staat moet zijn in te schatten hoe je publiek hierop reageert. Zo zou een publiek zich wel eens tegen de spreker kunnen gaan richten, zodra het onderkent dat de 'informatie' bedoeld is als verhulde reclame of propaganda. Een aanpak met risico's, dus.

2.4 Oriëntatie op het publiek

Zoals we al eerder benadrukten, staat het publiek bij de presentatie centraal. Veel beginnende sprekers hebben echter de neiging zich bij hun voorbereiding vooral te richten op de inhoud van hun verhaal. Zij lopen dan het risico het echte doel van de presentatie – iets bereiken bij hun publiek – uit het oog te verliezen. Het geconstrueerde rekenvoorbeeld in tabel 2.2 (waarbij we aannemen dat de inhoudelijke kwaliteit en publieksafstemming in percentages kunnen worden uitgedrukt) maakt dat hopelijk duidelijk.

Tabel 2.2 **Inhoudelijke kwaliteit presentatie × publieksafstemming = rendement**

Inhoudelijke kwaliteit presentatie	Afstemming op publiek	Rendement (percentage opgenomen informatie bij publiek)
90%	10%	9%
70%	70%	49%

De voorkennis, interesse en houding van de luisteraar zijn zeer bepalend voor wat je wel/niet over het onderwerp vertelt. Welk doel realiseerbaar is, hangt eveneens grotendeels af van je publiek. Daarom is het zinnig je tijdens de voorbereiding te verdiepen in de aard en samenstelling van je gehoor. Je kunt jezelf altijd de volgende vier vragen stellen over het publiek.

Vragen over het publiek
1 Wie is mijn publiek?
2 Wat wil mijn publiek wel/niet weten over het onderwerp?
3 Wat weet mijn publiek al van het onderwerp?
4 Hoe staat mijn publiek tegenover mij en mijn onderwerp?

Door deze vragen te beantwoorden, kun je beoordelen welke informatie wel/niet relevant is voor je toehoorders. Ook kun je de toon van je presentatie kiezen: zakelijk, invoelend, confronterend of relativerend. We bespreken de vier vragen nu één voor één.

2.4.1 Wie is mijn publiek?

Vaak zal het publiek waarvoor je komt te staan je zo vertrouwd zijn, dat je niet eens meer op het idee komt je de vraag te stellen: wie is mijn publiek eigenlijk? Toch is het goed even stil te staan bij deze vraag. Denk aan punten als:
· om hoeveel personen gaat het?
· zijn er nog andere personen aanwezig dan gewoonlijk?
· wat is het (gemiddelde) opleidingsniveau?
· wat is de (hiërarchische) relatie tot de spreker?

Veel urgenter wordt de vraag naar aard en samenstelling van het publiek, als je moet spreken voor een publiek dat je helemaal niet kent, bijvoorbeeld omdat je bent uitgenodigd iets over je onderzoek, werk, ervaringen of inzichten te komen vertellen. Het is misschien wel een eer om voor zoiets te worden gevraagd, maar wat moet je daar nu wel of vooral niet vertellen? Dat hangt sterk af van de samenstelling en de belangstelling van het publiek waarvoor je komt te staan. Ons advies in dat soort gevallen: *als je voor een onbekend publiek moet spreken, aarzel dan niet contact op te nemen met degenen die jou daarvoor uitgenodigd hebben.* Alleen zo kun je antwoord krijgen op je vragen over interesse, voorkennis en houding van het publiek waarvoor je zult komen te staan. Je sluit dan in ieder geval het risico uit dat je op een van deze punten de plank helemaal misslaat.

2.4.2 Wat wil mijn publiek wel/niet weten over het onderwerp?

Als je de vraag 'Wat wil mijn publiek wel/niet weten over het onderwerp?' beantwoordt, krijg je een goed beeld van welke informatie je wel en welke je niet in de presentatie gaat verwerken. Doorslaggevend daarbij is wat het publiek zal interesseren en niet wat jou interesseert (zie figuur 2.5 en voorbeeld 2.5).

Figuur 2.5 **Interesse van het publiek is doorslaggevend**

> **Voorbeeld 2.5**
> Stel dat een chemicus wetenschappelijk onderzoek heeft uitgevoerd naar een bepaalde groep chemische stoffen. Zijn bevindingen zijn voor de chemie van groot belang. Bij zijn onderzoek heeft hij een aantal nieuwe stoffen gemaakt en één daarvan is ook voor het grote publiek interessant: een nieuw soort plastic dat niet meer krast. Hij moet nu zijn onderzoek presenteren aan een aantal vertegenwoordigers van AKZO en DSM, kortom: geïnteresseerden uit de chemische industrie. Zelf zou hij het liefst tonen welke stoffen hij heeft onderzocht en op welke wijze. Voor de mensen uit het bedrijfsleven is echter maar één aspect van het onderzoek interessant: het nieuwe krasvrije plastic. In de presentatie zal dat plastic en de eigenschappen die het heeft, dan ook alle aandacht krijgen: de eigen interesse van deze spreker is ondergeschikt gemaakt aan die van het publiek.

Sommige onderwerpen interesseren het publiek altijd, bij andere onderwerpen is het publiek minder welwillend. Je zult het onderwerp dan extra aantrekkelijk moeten presenteren. Je kunt de aantrekkelijkheid vergroten door een pakkende inleiding, een heldere structuur en een goed verzorgde visuele ondersteuning. Hierover volgen in de hoofdstukken 3, 4 en 5 nog aanwijzingen.

Hoe kom je nu aan de weet wat je publiek wil weten en wat niet? Probeer je altijd zo goed mogelijk in de luisteraar te verplaatsen.

> **Voorbeeld 2.6**
>
> Stel, je wilt je medestudenten interesseren voor een goed doel: de organisatie War Child. Wat waarschijnlijk niet werkt, is een verhaal over het ontstaan van War Child, de interne organisatie, de achtereenvolgende voorzitters en het beschikbare budget. Met deze aanpak gaat het onderwerp zeker niet leven, want je medestudenten zitten echt niet op dit soort vlakke informatie te wachten. Hoe kun je zo'n onderwerp nu dichterbij je toehoorders brengen? Vertel een verhaal over een kind dat al geronseld werd voor een lokaal legertje op de leeftijd waarop je toehoorders nog op de basisschool zaten. Vertel wat zo iemand allemaal kan hebben meegemaakt nu hij/zij net zo oud is als je toehoorders. Vertel hoe moeilijk het is ooit nog tot een normaal leven te komen en wat een organisatie als War Child voor zulke kindsoldaten kan betekenen. Met zo'n aanpak maak je het onderwerp concreet en invoelbaar voor dit publiek.

Waarom luistert een publiek eigenlijk naar een spreker? De belangrijkste redenen zijn:
- iets nieuws, belangrijks of verrassends te horen krijgen;
- ergens een mening over vormen of de eigen mening toetsen aan die van de spreker;
- geamuseerd worden (bijvoorbeeld met anekdotes of een levendig verteld verhaal).

Hoe meer je over je publiek weet, hoe beter je de presentatie kunt laten aansluiten bij de behoefte aan informatie, meningstoetsing en amusement van dat publiek. Ook als je verband kunt leggen met persoonlijke ervaringen van de luisteraars zal hun interesse stijgen. Daarnaast kun je met een persoonlijk verhaal (iets wat je zelf hebt meegemaakt) de betrokkenheid van je publiek bij het onderwerp zeker verhogen.

Wat moet je over je publiek te weten komen om de interesse voor het onderwerp te kunnen inschatten? Denk aan: geslacht, leeftijd, opleidingsniveau, beroep en vooral het *belang* dat de hoorders bij bepaalde informatie kunnen hebben.

2.4.3   Wat weet mijn publiek al van het onderwerp?

De interesse die het gehoor voor een onderwerp heeft, hangt nauw samen met de voorkennis die dat publiek over het onderwerp heeft. Je moet een gehoor van economen maar liever niet vervelen met een verhandeling over wat nu precies een betalingsbalans is. Evenmin is het verstandig een groep basisschoolleerlingen de finesses van het Nederlandse vreemdelingenbeleid uit de doeken te willen doen.
Kortom: de keuze van de vragen die je tijdens de presentatie gaat beantwoorden, is sterk afhankelijk van de al dan niet aanwezige kennis van de luisteraar.

Als je publiek wat voorkennis betreft homogeen is, dan is dat een voordeel: je kunt redelijk precies inschatten wat bij het publiek wel en wat nog niet bekend is. Bij een heterogeen publiek sta je voor een moeilijkere opgave. Je zult een 'gemiddelde luisteraar' moeten kiezen en daar de keuze van je informatie verder op afstemmen.

De voorkennis van de luisteraar heeft niet alleen consequenties voor de keuze van de informatie, maar ook voor het taalgebruik. De formuleringen die je tijdens de presentatie gebruikt, moeten ook op de voorkennis van het publiek zijn afgestemd. Dit betekent bijvoorbeeld dat je voor een publiek van reclamemakers rustig vaktermen kunt gebruiken; voor een klas havo-leerlingen niet.

2.4.4 Hoe staat mijn publiek tegenover mij en mijn onderwerp?

Om een presentatie goed af te stemmen op het publiek, is het ook nodig je af te vragen hoe het publiek tegenover jou en je onderwerp staat. Ga na of ze jou of de organisatie die je vertegenwoordigt, al kennen. Het kan best zijn dat het publiek in het verleden negatieve ervaringen met die organisatie heeft gehad. Daar zul je in de presentatie rekening mee moeten houden. Misschien moet je er in de presentatie apart aandacht aan besteden of juist net doen alsof je van niets weet.

Natuurlijk ziet het publiek je niet uitsluitend als vertegenwoordiger van een organisatie. Ze zien ook vooral jou, als persoon. Bij een spreker die duidelijk jong is (bijvoorbeeld een stagiair) zal alleen zijn/haar verschijning al iets oproepen bij het publiek in de trant van: wat weet hij/zij nu eigenlijk van onze organisatie? En zo iemand komt ons vertellen wat we anders moeten doen? Als je je realiseert dat je publiek wellicht zo tegen je aankijkt, kan het verstandig zijn daar expliciet iets over te zeggen in je presentatie. Bijvoorbeeld:

'U werkt hier al jaren en ik net drie maanden. Toch heb ik door mijn opdracht, en natuurlijk dankzij de medewerking van heel velen van u, veel inzicht gekregen in de administratieve organisatie. En daarin ben ik toch een aantal zaken tegengekomen waarvan ik me afvroeg waarom die zo gedaan werden. Zaken die misschien wel onnodig zijn of die in veel minder tijd kunnen worden gedaan. Graag wil ik u een aantal bevindingen van mijn onderzoek voorleggen.'

Hetzelfde kan gelden voor het onderwerp waarover je gaat spreken: als je het vermoeden hebt dat het publiek al een bepaalde mening is toegedaan, dan zul je daarop in moeten spelen. Adepten van het publieke omroepbestel zullen wellicht schrikken van een voorstel om alle reclame op Nederland 1, 2 en 3 te schrappen (voorstanders van de commerciële televisiezenders zullen zo'n voorstel daarentegen met instemming begroeten). Verstokte autorijders zullen niet makkelijk overstappen op de trein. Liefhebbers van computergames worden waarschijnlijk liever niet geconfronteerd met informatie over spelverslaving. Als je vermoedt dat het publiek zijn mening over een bepaald onderwerp al heeft gevormd, zul je extra voorzichtig moeten zijn met het verkondigen van een mening die daar haaks op staat.

Informatieselectie door publieksoriëntatie

Het lastigste onderdeel in de hele voorbereiding op een presentatie is misschien wel het selecteren van wat je wel en niet gaat vertellen. Het vinden van informatie is in een tijd waarin *googelen* een werkwoord is geworden, meestal geen probleem, wel het maken van een goede keuze uit die informatie. Weten wat je wilt met je presentatie (doel) en weten voor wie je spreekt (interesse, voorkennis en houding van het publiek) helpt je al een eind op weg. Ook de volgende oriëntatiestap is nodig om tot een goede selectie te komen: het formuleren van een goede en publiekrelevante hoofdvraag, aan de hand waarvan je een duidelijke lijn in je verhaal kunt aanbrengen.

Figuur 2.6 **Selecteren: een lastige voorbereiding op een presentatie**

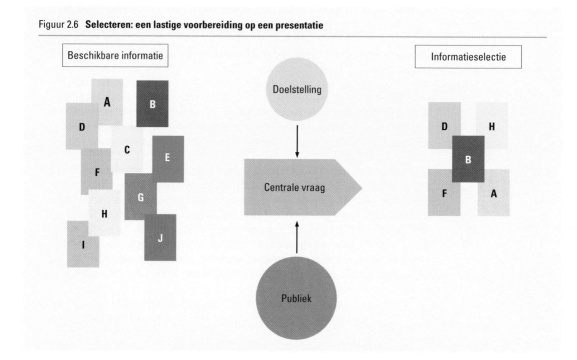

2.5   Oriëntatie op het onderwerp

In veel situaties op school, stage of werk is vooraf duidelijk waar je presentatie over moet gaan. Het is dan vooral zaak een juiste keuze te maken uit de beschikbare informatie. Daarentegen kan het in schoolsituaties voorkomen dat je simpelweg 'een' presentatie moet houden, waarbij je zelf het onderwerp kunt kiezen. Voor snelle beslissers is dat prettig, maar voor menigeen is de onderwerpskeuze een tijdrovend proces. Daarom geven we een paar tips bij het eventuele kiezen van een vrij onderwerp en zoals schematisch weergegeven in figuur 2.6.
· Maak een lijstje van onderwerpen waar je iets van afweet.
· Ga na welke van die onderwerpen interessant kunnen zijn voor je publiek.
· Kies bij voorkeur een onderwerp waar je persoonlijk bij betrokken bent (een sport, een baantje, een gebeurtenis).

- Ga na over welk onderwerp je waarschijnlijk gemakkelijk informatie kunt vinden.

Als het onderwerp van je presentatie vaststaat en je je er verder in gaat verdiepen, bedenk je welke informatie je in je presentatie opneemt. Daartoe kun je jezelf de volgende vier vragen stellen.

Vragen over het onderwerp
1 Is er een aanleiding voor dit onderwerp?
2 Wat is de centrale vraag?
3 Wat is het antwoord op de centrale vraag?
4 Welke vragen zou het publiek kunnen stellen?

Deze vragen behandelen we in de volgende subparagrafen.

2.5.1 Is er een aanleiding voor dit onderwerp?

Onderwerpen voor presentaties komen meestal niet uit de lucht vallen. Presentaties in bedrijven en organisaties hebben gewoonlijk een concrete aanleiding in de werkelijkheid: de nieuwe kwartaalcijfers, een interne reorganisatie, de uitkomst van een klanttevredenheidsonderzoek, een nieuwe managementvisie, recente maatregelen van de overheid. Bij presentaties die in het kader van een studie plaatsvinden, is het vaak de actualiteit die stof levert voor de onderwerpskeuze.
Als er daadwerkelijk een concrete aanleiding is voor het onderwerp van de presentatie, verzuim dan niet deze te noemen. Vaak zal het noemen van de aanleiding het publiek een gevoel van herkenning geven: ja, daar hebben wij ook wel iets over gehoord of van meegemaakt. En die herkenning zal zeker helpen om de belangstelling van het publiek te stimuleren voor wat je te vertellen hebt.

2.5.2 Wat is de centrale vraag?

Een bruikbare aanpak bij de voorbereiding van je presentatie is die, waarbij je jezelf dwingt de kern van je presentatie in één vraag te vatten: de centrale vraag. Heb je eenmaal zo'n vraag geformuleerd, dan vloeien daar logischerwijze een aantal deelvragen uit voort, die je ook tijdens je presentatie zult moeten beantwoorden. Dit alles is natuurlijk afhankelijk van wat je publiek al van het onderwerp weet.

Laat je bij de keuze van de centrale vraag leiden door doel en publiek. Je kiest de vraag die voor de toehoorders de meeste nieuwswaarde heeft en die aansluit bij het doel dat je voor ogen hebt (zie voorbeeld 2.7).

Voorbeeld 2.7
Welke centrale vraag kies je bij een presentatie over aids? Afhankelijk van de toehoorders kun je kiezen uit de volgende vragen.
- Hoe vrij ik veilig? (jongeren)
- Hoe groot is de kans dat ik aids overleef? (aids-patiënt)
- Hoe werken de nieuwe medicijnen tegen aids? (artsen/aids-patiënten)

- Hoe kan de omgeving een aids-patiënt opvangen? (familie, partners, vrienden)
- Hoe kunnen we geld loskrijgen voor de aids-bestrijding? (fonds voor aids-patiënten)

2.5.3 Wat is het antwoord op de centrale vraag?

Het antwoord op de centrale vraag moet je in een paar zinnen kunnen formuleren: het geeft het kernidee van je presentatie weer. Het geeft tevens aan wat luisteraars na afloop minimaal moeten hebben onthouden. Lukt het je niet het antwoord op de centrale vraag in een paar zinnen te formuleren, dan is er iets mis met de vraag. Misschien is het onderwerp dat je wilt behandelen, nog te groot. Je kunt dan wellicht het onderwerp verder inperken.

Veel sprekers hebben de neiging bij hun voorbereiding een overstelpende hoeveelheid informatie te verzamelen. Het gaat fout als je vervolgens probeert alle verzamelde gegevens in de presentatie te verwerken. In een presentatie kun je echter maar een heel kleine hoeveelheid informatie behandelen. Bovendien heeft het publiek een beperkt opnamevermogen; het onthoudt maar een klein gedeelte van wat je vertelt. Ga maar na wat je zelf onthoudt van een lesuur: dat is vaak samen te vatten op een half A4'tje.

Een van de fouten die sprekers het meest maken, is dat zij *te veel* van hun onderwerp afweten en niet in staat zijn af te zien van het (statusverhogende!) vertoon van deskundigheid. Zoals we al aangaven: het streven naar volledigheid heeft in een presentatie geen enkele zin. Het is beter een klein aspect van het onderwerp diepgaand te behandelen, dan een groot onderwerp oppervlakkig. De mondelinge presentatie van een uitgebreid rapport of onderzoek is vooral bedoeld om het publiek inzicht te geven in de voornaamste resultaten. Als spreker zul je in zo'n situatie dus zeer selectief moeten omgaan met de beschikbare informatie. Diegenen die diepgaander interesse hebben, kunnen vervolgens het rapport of boek zelf bestuderen.

Tijdens deze fase van de voorbereiding gaat het er dus om een klein aspect van het onderwerp af te bakenen en uit te diepen. Welk aspect dat is, hangt af van het doel dat je voor ogen hebt en, belangrijker nog, van de belangstelling en voorkennis van het publiek dat je gaat toespreken.

De centrale vraag kan je helpen te kiezen welke informatie je wel en niet in je presentatie gaat verwerken. Hoe je tot een doordachte en heldere opbouw van je presentatie komt, behandelen we verderop in hoofdstuk 3.

2.5.4 Welke vragen zou het publiek kunnen stellen?

Bij je voorbereiding kan het nuttig zijn je af te vragen met welke (kritische) vragen het publiek tijdens of na afloop van je verhaal zou kunnen komen. Door het formuleren van zulke vragen zul je actief op zoek gaan naar het mogelijke antwoord, waarmee je dus meteen bent voorbereid op het moment van vragen stellen na de presentatie. Daarnaast train je weer je inlevingsvermogen door zo goed mogelijk vanuit het hoordersperspectief naar het onderwerp te kijken.

2.6 Oriëntatie op de gewenste indruk

We denken er allemaal bij na welke kleren we aantrekken als we een belangrijke presentatie moeten geven, maar de indruk die je maakt op een publiek, hangt van meer zaken af dan kleding alleen. Het kan nuttig zijn je te realiseren hoe men tegen je aan kijkt en wat je zou kunnen doen om te zorgen dat men zich een juist (gewenst) beeld vormt. Je kunt jezelf daarom de volgende twee vragen stellen.

Vragen over de gewenste indruk
1 Hoe ziet het publiek mij?
2 Hoe wil ik gezien worden door het publiek?

Deze vragen behandelen we in de volgende subparagrafen.

2.6.1 Hoe ziet het publiek mij?

Bij de oriëntatie op het publiek heb je als het goed is al de vraag behandeld hoe het publiek aankijkt tegen jou en je onderwerp (en de organisatie die je vertegenwoordigt). Hoe je bij een presentatie overkomt op je publiek, is nog niet zo gemakkelijk vast te stellen.

Het is namelijk niet vanzelfsprekend voor toehoorders om feedback te geven aan een presentator. Tegen hun buurvrouw of buurman in de zaal zullen ze wel wat opmerkingen maken, maar als je bedrijf of instelling of jijzelf niet actief vraagt om feedback, zal die niet snel gegeven worden. Daarom zijn er verschillende methodes om van het publiek te horen te krijgen hoe het over jou als presentator denkt, van evaluatieformulieren, 360° feedback tot professionele trainingssessies. Voor een groot deel zal dat geen nieuwe informatie opleveren. Je houdt immers al vanaf de basisschool spreekbeurten en je hebt natuurlijk regelmatig feedback gekregen. Toch zul je soms achter een zogenaamde blinde vlek komen in je eigen optreden. Je kunt bijvoorbeeld onbedoeld arrogant overkomen als je, zonder relativeringen, je standpunt neerzet. Of het blijkt dat je als een soort schoolmeester overkomt wanneer je, zonder begrip te tonen voor de situatie, het falen van een bedrijf of organisatie aantoont.

Zeker als er veel op het spel staat bij een presentatie is het van het allergrootste belang dat je vóór je daadwerkelijke optreden, een proefpresentatie houdt. Daarmee kun je voorkomen dat er tijdens en na de echte presentatie alleen nog maar gefocust wordt op jouw blinde vlek.

Voor elke presentator is een video-opname van de presentatie een heel belangrijk hulpmiddel. Het is interessant om te zien hoe je zelf voor een groep staat, hoe je overkomt, wat je goed doet en wat je kunt verbeteren. In het begin is het vervelend om naar jezelf te kijken, maar als je er wat afstand van kunt nemen, zie je dat je soms gewoon te vriendelijk bent, soms een (onbedoeld) vervelende indruk maakt, maar soms ook heel deskundig overkomt en ga zo maar door. Zo kun je grip krijgen op je eigen gedrag. En je kunt op die manier leren wat dat gedrag bij anderen teweeg kan brengen.

Aan de hand van een opgenomen oefenpresentatie kun je desgewenst je verhaal nog bijstellen. Bovendien kun je een stuk zekerder zijn van jezelf; je hebt het verhaal immers al een keer verteld?

2.6.2 Hoe wil ik gezien worden door het publiek?

Misschien heb je er nog nooit bij stilgestaan hoe je wilt overkomen bij het houden van een presentatie. Toch kan het bepaald geen kwaad dit eens voor je zelf te benoemen; je gaat je dan direct realiseren dat dit ook iets van je vraagt op het vlak van uiterlijk, houding (lichaamstaal), stemgebruik en dergelijke.

Vraagt men iemand die een presentatie moet houden, naar de indruk die hij nastreeft, dan komen er vaak termen als:
- deskundig; geloofwaardig;
- zeker van zichzelf; veel zelfvertrouwen;
- geestig, gevat;
- overtuigend;
- sympathiek.

Deskundigheid en (tot op zekere hoogte) gevatheid hangen natuurlijk in hoge mate af van je kennis van zaken. Je kennis van zaken over een onderwerp kun je uiteraard vergroten door er informatie over te verzamelen. Aarzel niet, als je inderdaad veel van je onderwerp afweet, dit af en toe ook te laten blijken, bijvoorbeeld door naar belangrijke auteurs, boeken, artikelen of andere bronnen te verwijzen.

Sympathiek gevonden worden en zelfvertrouwen uitstralen, heeft veel te maken met uiterlijk en lichaamshouding. We gaan hier nader op in.

Uiterlijk
Het belang van je uiterlijk gaat verder dan de vraag of je haar wel goed zit. Bij uiterlijk denken we echt aan alle aspecten die daarbij een rol spelen. Hoe komt jouw uiterlijk over bij het publiek? Veel bekende Nederlanders hebben bijvoorbeeld hun tanden laten bewerken door een tandarts, zodat het publiek niet afgeleid wordt door hun onregelmatige, niet egaal wit gebit. Mitterrand, voormalig president van Frankrijk, liet zelfs ooit zijn hoektanden bijvijlen op advies van zijn media-adviseur om zijn geloofwaardigheid te vergroten.

Waarschijnlijk zijn we ons een stuk minder bewust van wat we met ons uiterlijk uitdragen dan bekende persoonlijkheden in de media of de politiek.

In het algemeen kun je zeggen dat je uiterlijk (kleding, kapsel) afgestemd moet zijn op je publiek, zodat je geloofwaardig bent voor dat publiek. Het kan daarbij geen kwaad als je er iets netter uitziet dan je toehoorders, omdat je daarmee respect toont en zelfs afdwingt.

Houding

Lichaamstaal, houding, gebaren, je eigen stem en je manier van spreken beïnvloeden je presentatie. Men beweert wel dat 60% van de overtuigingskracht wordt bepaald door je lichaamshouding, 25% door je stem en slechts 15% door de inhoud van je presentatie. Als je op video jouw presentatie bekijkt, wat zie je dan? Vind je je houding, gebaren en manier van spreken voldoende overtuigend? Welke adviezen zou je jezelf geven om de overtuigingskracht van je presentatie te vergroten? Zie figuur 2.7.

Figuur 2.7 **De houding is van cruciaal belang**

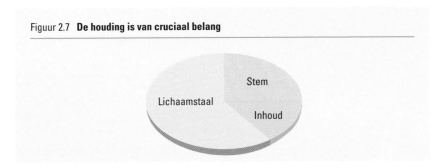

Het gaat erom dat je je bewust bent van wat je gedrag teweeg kan brengen tijdens een presentatie. Iemand die kauwgom kauwend, met de handen in de zakken voor het publiek staat, straalt misschien wel zelfvertrouwen uit, maar het publiek zal zulk optreden vooral als respectloos ervaren. Zo maak je bepaald geen stevige indruk, als je bijvoorbeeld tijdens je presentatie wankel op je benen staat, omdat je voor de gelegenheid je hoge hakken hebt aangetrokken. Wie tijdens zijn presentatie met onvaste stem spreekt en zijn beweringen met zwakke, onafgemaakte gebaren begeleidt, moet erop rekenen dat hij niet overtuigt, zelfs al is het verhaal inhoudelijk nog zo goed.

Als je goed hebt nagedacht over de manier waarop je wilt overkomen, dan moet dat tot uitdrukking komen in gebaren, stemgebruik, houding, oogcontact enzovoort.

Authenticiteit

Eén algemeen advies over de gewenste indruk kunnen we je nog meegeven: blijf jezelf.

Dit lijkt een advies dat erg voor de hand ligt, maar wat betekent dat nu werkelijk? Jezelf blijven betekent dat jij de regisseur bent van je eigen presentatie; in hoofdstuk 5 gaan we daar nader op in. Authenticiteit wordt hoog gewaardeerd. Een publiek vindt iemand die echt is en een eigen verhaal heeft geloofwaardiger dan iemand die een voordracht opdreunt. Onderschat je publiek ook niet. Het heeft het altijd door als je verhaal niet authentiek is. Als je je grondig en gedegen voorbereidt, ook op de indruk die je bij je publiek wilt achterlaten, dan vergroot je daarmee de kans op een succesvolle presentatie.

2.7 Oriëntatie op de situatie

Nadat je duidelijk voor jezelf op een rij hebt gezet wat je met je presentatie wilt, tot wie je je precies moet richten, wat je globaal wilt gaan vertellen en hoe je wilt overkomen, wordt het zaak na te gaan in welke situatie je presentatie gaat plaatsvinden. Aandachtspunten bij dit aspect zijn tijd, plaats en faciliteiten. Vraag je daarbij het volgende af.

Vragen over de situatie
1 Hoe laat begin ik?
2 Hoe lang mag de presentatie duren?
3 Waar vindt de presentatie plaats?
4 Welke faciliteiten heb ik tot mijn beschikking?
5 Werkt de apparatuur naar behoren?

Deze vragen behandelen we in de volgende subparagrafen.

2.7.1 Hoe laat begin ik en hoe lang mag de presentatie duren?

Het is op zich niet zo belangrijk of de presentatie om 9 uur 's morgens of om 9 uur 's avonds plaatsvindt. Vaak heeft het *tijdstip* echter belangrijke implicaties voor de houding van het publiek. Het verschilt nogal of je het publiek 's morgens na het genot van een kop koffie kunt toespreken of na een lange en vermoeiende morgen die werd besloten met een copieuze lunch. Je zult dan meer aandacht aan de aantrekkelijkheid van het verhaal moeten besteden, want het publiek heeft er eerder behoefte aan geanimeerd te worden dan geïnformeerd. Daarnaast is het altijd nuttig te weten wat het publiek aan activiteiten heeft ondernomen om je presentatie te kunnen bijwonen: wellicht kun je daar in de presentatie even naar verwijzen. Zoiets verhoogt de betrokkenheid van de luisteraar.

Voorts is het van belang te weten *hoeveel tijd* je ter beschikking hebt voor de presentatie. Vaak zijn er meer sprekers. Niets is zo vervelend als een programma dat uitloopt omdat een spreker grote moeite had aan zijn slotzin te geraken. Informeer dus altijd hoeveel spreektijd je hebt en houd je daaraan. Veel sprekers lijken het een schande te vinden minder dan de beschikbare tijd vol te praten. Dan zou men immers kunnen denken dat het onderwerp niet belangwekkend genoeg is, of dat de spreker er eigenlijk te weinig van afweet. Het publiek waardeert echter altijd de spreker die een informatief, belangwekkend en helder verhaal weet te houden en daarbij nog kans ziet de beschikbare tijd van zijn toehoorders efficiënt te gebruiken.

Tijdgebrek bij een presentatie los je niet op door alle zinnen wat sneller uit te spreken, zoals menige spreker-in-tijdnood lijkt te denken. Het enige wat je daarmee bereikt is dat de luisteraars je niet meer volgen. Bedenk dat ook de meest geïnteresseerde luisteraar op een gegeven moment het verzadigingspunt bereikt. Langer dan dertig minuten mag je presentatie in geen geval duren. Houd als maximum liever 20 minuten aan.

Figuur 2.8 **Houd altijd de hoofdpunten van je verhaal voor ogen**

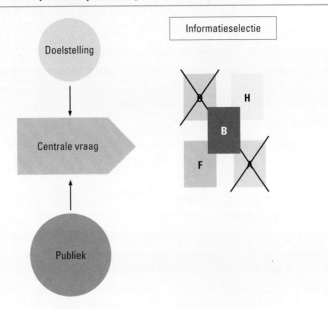

Een praktisch advies: denk er bij je voorbereiding al over na hoe je presentatie eventueel kan worden ingekort. Zorg dat je voor jezelf altijd perfect weet wat de hoofdpunten van je verhaal zijn (zie figuur 2.8). Al zou je maar vijf minuten spreektijd hebben, die hoofdpunten moeten over het voetlicht komen. De rest van je verhaal bestaat uit aankleding: voorgeschiedenis, onderbouwing, argumentatie, gevolgde methode van onderzoek, gedetailleerde gegevens, voorbeelden enzovoort. Dit zijn de onderdelen waarop je kunt bezuinigen, wanneer de beschikbare tijd korter blijkt te zijn dan voorzien of wanneer het publiek duidelijk tekenen van ongeduld begint te vertonen.

2.7.2 Waar vindt de presentatie plaats en welke faciliteiten heb ik tot mijn beschikking?

De grootte van de ruimte, het meubilair, de ventilatie en de verlichting kunnen afbreuk doen aan een presentatie. Te veel luisteraars in een kleine zaal, ongemakkelijke stoelen en een slechte verlichting kunnen het effect van een presentatie danig bederven. Datzelfde geldt voor het ontbreken van audiovisuele faciliteiten: een beamer zonder pc, een overheadprojector zonder scherm, de afwezigheid van een geluidsinstallatie. Als je deze gebreken tijdig constateert, valt het ongemak meestal nog wel te verhelpen. Laat zo weinig mogelijk aan het toeval over.

2.7.3   Werkt de apparatuur naar behoren?

Controleer altijd vooraf of de audiovisuele faciliteiten die je wilt gebruiken in orde zijn. Zorg dus ook dat je altijd zo'n vijftien minuten van tevoren aanwezig bent op de plaats waar je moet 'optreden'. Dit stelt je ook in de gelegenheid alvast wat vertrouwd te raken met de ruimte waar je zult spreken en met de bediening van de aanwezige apparatuur.

Alles bij elkaar genomen vormen de voorbereidingsvragen voor de presentatie een hele waslijst. Moet ik bij mijn voorbereiding nu echt die hele lijst gaan beantwoorden?, vraag je je wellicht af. Los van het feit dat niet alle vragen in iedere situatie van toepassing zijn, moet je bedenken dat het goed is als je de vragen bij je voorbereiding langsloopt (zie ook de checklist aan het eind van dit hoofdstuk). Sta dan vooral stil bij de vragen die niet direct te beantwoorden zijn. Juist het expliciet beantwoorden van de lastige vragen kan je de duidelijkheid verschaffen die voor een geslaagde presentatie noodzakelijk is.

2.8   Valkuilen

We bespreken in de volgende subparagrafen bij elk van de vijf stappen enkele 'klassieke valkuilen'.

2.8.1   Fouten bij de oriëntatie op het doel

Een fout die bij de oriëntatie op het doel nogal eens wordt gemaakt, is dat de spreker te veel op zijn doel gespitst is. Hij wil hetgeen hij nastreeft zo graag bereiken dat hij weerstanden oproept bij het publiek; de overtuigende aanpak verkeert dan in zijn tegendeel. De spreker oefent dan te veel druk uit op het publiek.

Een spreker wil bijvoorbeeld haar toehoorders ervan overtuigen dat zij minder vlees zouden moeten eten. Uit haar bewoordingen kunnen de luisteraars opmaken dat de spreker hen schuldig acht aan dierenmis-

handeling (bio-industrie) en het herzenloos opsouperen van noodzakelijke hulpbronnen. De meeste toehoorders zullen door deze aanpak
niet erg openstaan voor de boodschap. De kans is groot dat 'de luiken'
bij het publiek 'dichtgaan' en dat het uiteindelijke effect van het hele
verhaal nul is.

Natuurlijk is het goed je als spreker terdege te realiseren wat je wilt bereiken. Minstens zo belangrijk echter, is je te realiseren *hoe* je dit doel
kunt bereiken. Daarvoor moet je vaststellen wat je publiek motiveert,
interesseert en intrigeert. Langs die weg kun je de belangstelling en
welwillendheid van je toehoorders verwerven en vervolgens voer je ze
met zachte hand naar de plek waar je ze hebben wilt. Vaak blijkt een
omweg een betere weg naar het doel dan de rechte lijn van A naar B.

2.8.2   Fouten bij de oriëntatie op het publiek

Ook bij de tweede fase van de voorbereiding, de oriëntatie op het publiek, worden fouten gemaakt. De meest voorkomende fouten zijn de
volgende.
- De spreker heeft geen idee wat het publiek interesseert.
- De spreker heeft onvoldoende idee van het kennisniveau van het
  publiek.
- De spreker wil zijn publiek te veel amuseren.

We bespreken kort deze fouten, gevolgd door enkele aanwijzingen hoe
ze te voorkomen.

De spreker heeft geen idee wat het publiek interesseert
Spreker en publiek hebben altijd hun eigen agenda. Sprekers willen hun
publiek informeren, beïnvloeden, overtuigen (en daarbij ook nog gezien
worden als deskundige en sprankelende persoonlijkheden), terwijl toehoorders uitsluitend gespitst zijn op zaken die henzelf bezighouden, dan
wel de tijd die ze toch al kwijt zijn zo aangenaam mogelijk door te brengen. De spreker die zich hier geen rekenschap van geeft en uitsluitend de
eigen agenda voor ogen houdt, begaat een communicatieve doodzonde:
hij communiceert egocentrisch. De kans op het welslagen van de communicatie (en dus op het realiseren van zijn doel) is dan vrijwel nihil.

Er is maar één oplossing: echt nagaan uit wat voor mensen het gezelschap toehoorders bestaat en in kaart brengen wat hun, op basis van
hun achtergrond, opleiding of maatschappelijke functie wel móet interesseren. Laat je over dit soort punten altijd informeren door mensen
die dit publiek beter kennen dan jij.

De spreker heeft onvoldoende idee van het kennisniveau van het publiek
Sprekers kunnen hun publiek onderschatten of overschatten. In het
eerste geval dragen ze informatie aan die al bekend is of hanteren ze
een terminologie die door het publiek als kinderachtig wordt ervaren.
Bij overschatting veronderstellen ze ten onrechte informatie bekend,
leggen te weinig uit en bedienen ze zich van een terminologie die het
publiek onbekend is. Beide fouten zullen door je toehoorders als een
vorm van minachting worden ervaren – weinig gunstig dus voor de
ontvangst van je boodschap.

De oplossing is hetzelfde als bij het vorige punt: weet je niet wat je publiek weet, zorg dan dat je het wél aan de weet komt. Praat met mensen die dit publiek kennen, of nog beter: praat met mensen die tot dit publiek (zouden kunnen) behoren.

De spreker wil zijn publiek te veel amuseren

Sommige sprekers realiseren zich heel goed dat toehoorders er altijd ook op uit zijn zich zo goed mogelijk te vermaken. Een leuke anekdote of een geestige woordspeling doen het altijd wel in een presentatie, maar een juiste dosering is essentieel. Een zekere mate van amusement in je verhaal kan de informatie verteerbaarder maken, zoals een saus een saai gerecht. Een maaltijd kan echter niet uitsluitend uit sausen bestaan, dan zou de voedingswaarde wel erg gering worden. Dus: zorg er bij de voorbereiding voor iets van dit ingrediënt bij de hand te hebben, voeg het tijdens de presentatie met mate toe en stop toevoeging wanneer het publiek al te lachbelust blijkt.

2.8.3 Fouten bij de oriëntatie op het onderwerp

Ook bij de oriëntatie op het onderwerp doen zich enkele valkuilen voor.
- De spreker richt zich uitsluitend op de inhoud van de presentatie.
- De spreker weet te veel van het onderwerp.
- De spreker maakt voor zichzelf geen duidelijk onderscheid tussen hoofd- en bijzaken.

Ook deze fouten bespreken we kort.

De spreker richt zich uitsluitend op de inhoud van de presentatie

Veel beginnende presentatoren hebben uitsluitend oog voor hun verhaal, het zenden van hun boodschap. Zij concentreren zich vooral op de inhoud, zonder zich ook maar één ogenblik af te vragen in hoeverre dat verhaal de toehoorders zal interesseren. Met een dergelijke voorbereiding, eenzijdig gericht op zenden, is de mislukking van de presentatie al bijna zeker. De kans is groot dat er geen of hooguit een gebrekkige informatieoverdracht plaatsvindt, zie ook tabel 2.2 in paragraaf 2.4. De spreker is wel heel hard bezig geweest met zenden, maar helaas op een golflengte die het publiek niet kon bereiken.

De oplossing: publieksoriëntatie en nog eens publieksoriëntatie. Als presentator moet je je altijd afvragen waarom je toehoorders jouw verhaal interessant zouden moeten vinden en hoe je duidelijk kunt maken wat echt belangrijk is.

De spreker weet te veel van het onderwerp

Sprekers worden vaak gevraagd om hun deskundigheid. Die deskundigheid is hun kracht, maar tevens hun achilleshiel. Als een spreker niet inziet dat het publiek slechts een heel klein deel kan opnemen van alle kennis die hij paraat heeft, dan gaat er gegarandeerd iets fout bij de presentatie. Zaken die voor hem in al zijn deskundigheid nu juist de krenten in de pap zijn, zijn voor een veel minder deskundig publiek volstrekt oninteressant.

De oplossing van deze fout schuilt weer voor een groot deel bij een juiste publieksoriëntatie. Vraag je dus af: wat weet mijn publiek en welke zaken over mijn onderwerp zal het graag willen weten? De keuze voor het publiek kan pijnlijk zijn voor het eigen ego; je hebt immers minder gelegenheid je deskundigheid te etaleren. Anderzijds levert deze aanpak je ook weer een aardige opsteker op voor datzelfde ego: het publiek blijkt je verhaal belangwekkend en stimulerend te vinden. Complimenten voor de spreker!

De spreker maakt voor zichzelf geen duidelijk onderscheid tussen hoofd- en bijzaken

Het onderscheid tussen hoofd- en bijzaken hangt natuurlijk samen met de deskundigheid (of het teveel daaraan) van de spreker. Juist van een deskundige spreker mag worden verwacht dat hij/zij goed onderscheid kan maken tussen hoofd- en bijzaken. Aan de toehoorders hoort dit niet te worden overgelaten: die zijn juist komen luisteren naar een deskundige die het allemaal eens netjes op een rij heeft gezet.

Zorg er dus voor dat je voor jezelf duidelijk vaststelt wat absoluut de (maximaal) vijf hoofdpunten zijn die het publiek moeten bijblijven na je verhaal. Zorg verder voor voldoende aankleding (onderbouwing, feiten of cijfers) om je verhaal substantie te geven. Houd echter altijd voor ogen dat je eventueel op deze punten je verhaal moet kunnen inkorten, mocht je in tijdnood komen.

2.8.4 Fout bij de oriëntatie op de gewenste indruk

Wie pijn in zijn rug heeft, is vaak geneigd in een andere houding te gaan lopen of zitten. Vaak met het gevolg dat er weer ergens anders een nieuw pijntje ontstaat. Zo hebben sprekers nog wel eens de neiging zich vooral te richten op een fout die zij in hun vorige presentatie maakten. Gevolg: nieuwe, niet eerder gemaakte fouten.

Je vindt het bijvoorbeeld prettig om je katheder stevig vast te houden tijdens een presentatie, maar bij het achteraf bekijken van de videoopname constateer je dat dit wel erg krampachtig overkomt. Je verandert je houding door nu heel losjes te gaan staan en angstvallig het aanraken van de katheder te vermijden. Het is duidelijk dat je je gedrag veranderd hebt, maar door het tegengestelde gedrag te overdrijven wordt het publiek alsnog afgeleid. Je doel is dus nog niet bereikt. De oplossing ligt natuurlijk in het midden. Af en toe de katheder aanraken en deze functioneel gebruiken tijdens de presentatie is de juiste aanpak.

2.8.5 Fout bij de oriëntatie op de situatie

Uit een onvoldoende oriëntatie op de situatie kan voortvloeien dat de spreker onhandigheden begaat doordat hij niet vertrouwd is met de ruimte of de (audio)visuele hulpmiddelen. Voor het publiek kunnen deze onhandigheden zeer komiek zijn, voor de spreker zijn ze dat zeker niet. In alle gevallen doen ze afbreuk aan het doel van de presentatie.

Met een goede voorbereiding zijn bijna alle problemen te voorkomen. Regel dus vooraf de beschikbaarheid van wat je nodig hebt (laptop, overheadprojector, beamer, video-recorder enzovoort). Zorg dat je ruim-schoots op tijd ter plaatse bent en contro-leer nog even of de apparatuur aanwezig is en naar behoren werkt. Rampen die zich tijdens je presentatie voordoen (de lamp van de overheadprojector knapt), zijn nooit helemaal uit te sluiten, maar voor *force majeure* zal je publiek heel wat meer begrip hebben dan voor evident slechte voorbereiding!

Samenvatting

In dit hoofdstuk behandelden we hoe je een presentatie moet voorbe-reiden. Oriënteer je van tevoren altijd op het doel van je presentatie, op het publiek dat je zult aantreffen, op het onderwerp van je presen-tatie en op de situatie waarin je je presentatie moet houden.
De volgende checklist is hopelijk een bruikbaar hulpmiddel bij de voor-bereiding van je presentatie.

Checklist voor de voorbereiding van de presentatie

Oriëntatie op het doel *(zie paragraaf 2.3)*	Ja	Nee
1 Doel van de presentatie		
1a Het doel van de presentatie is informatief, meningsvormend of overtuigend	○	○
1b Het doel is realiseerbaar	○	○
1c Je weet hoe je je doel wilt gaan bereiken	○	○

Oriëntatie op het publiek *(zie paragraaf 2.4)*	Ja	Nee
2 Kennis van het publiek		
2a Je weet wie je publiek is	○	○
2b Je weet wat je publiek wel/niet wil weten over het onderwerp	○	○
2c Je weet wat het publiek al van het onderwerp weet	○	○
2d Je weet hoe het publiek staat tegenover jou en tegenover je onderwerp	○	○

Oriëntatie op het onderwerp *(zie paragraaf 2.5)*	Ja	Nee
3 Onderwerp van de presentatie		
3a Er is een aanleiding voor het onderwerp	○	○
3b De centrale vraag is duidelijk	○	○
3c Het antwoord op de centrale vraag is duidelijk	○	○
3d Je hebt nagedacht over vragen die het publiek zou kunnen stellen	○	○

Oriëntatie op de gewenste indruk (*zie: paragraaf 2.6)*	Ja	Nee
4 Gewenste indruk		
4a Je weet hoe je publiek jou ziet	○	○
4b Je weet hoe je gezien wilt worden	○	○

Oriëntatie op de situatie *(zie paragraaf 2.7)*	Ja	Nee
5 De situatie van de presentatie		
5a Je weet hoe laat je begint	○	○
5b Je weet hoelang de presentatie mag duren	○	○
5c Je weet op welke locatie je de presentatie houdt	○	○
5d Je weet welke faciliteiten je tot je beschikking hebt	○	○
5e Je hebt gecontroleerd of de apparatuur naar behoren werkt	○	○

De structuur van begin tot eind

In het vorige hoofdstuk heb je kunnen lezen hoe je een onderwerp verkent en inperkt tot één centrale vraag. In dit hoofdstuk laten we zien hoe je die centrale vraag kunt uitwerken tot een gestructureerd geheel. De centrale vraag, uitgewerkt in drie tot vijf subvragen, zal het middenstuk van de presentatie worden. De paragraaf over hoe je zo'n middenstuk goed kunt structureren, wordt voorafgegaan door een passage over de inleiding van een presentatie. We besteden vervolgens aandacht aan de eisen waaraan een afsluiting moet voldoen. Je krijgt zo een goed beeld van de interne structuur van de presentatie.

Het aanbrengen van een interne structuur is echter niet voldoende: je zult hem ook expliciet moeten maken voor de luisteraar. Hoe je dat aanpakt en welke middelen hiervoor tot je beschikking staan, bespreken we ook in dit hoofdstuk, waarbij het werken met een spreekschema en het aanbrengen van overgangen en redundantie aan bod komen. Ten slotte komt aan de orde wat er mis kan gaan in de structuur van de presentatie.

3.1 Mogelijkheden voor een pakkende opening

Het middenstuk van een presentatie is heel erg belangrijk: juist in dit deel zul je de meeste informatie overdragen. Maar voordat je deze informatie kunt overdragen, moet het publiek bereid zijn het verhaal aan te horen. Plompverloren beginnen met informatie spuien, is dan ook nimmer effectief: je valt te veel met de deur in huis. Je moet de presentatie beginnen met een inleiding die het publiek motiveert om te luisteren en die het publiek informeert over onderwerp, centrale vraag, structuur en doel van de presentatie. Hoe je het publiek motiveert en informeert, komt in de volgende subparagrafen aan de orde.

3.1.1 Het publiek motiveren

Je presentatie staat of valt met het hebben van een gemotiveerd publiek. Gelukkig kun je de motivatie van je publiek voor een groot deel zelf sturen! Dit gebeurt in de inleiding van je presentatie. In de allereerste minuten van jouw verhaal bepaal je of je de aandacht van het publiek krijgt en bepaal je of het publiek bereid is naar de presentatie te luisteren. Je moet dus erg veel aandacht besteden aan een pakkend begin.

Een belangrijke rol hierbij speelt *authenticiteit*. Authenticiteit is *echtheid*. Met andere woorden: de hele presentatie klopt. Iemand die authentiek is, is congruent op alle niveaus: *fysiek, emotioneel, mentaal* en *spiritueel*. Hoe je fysiek staat, klopt met hoe je je voelt, wat je denkt en wie je in essentie bent. Je bent echt en geloofwaardig in hoe je jezelf neerzet. President Obama bijvoorbeeld is hier een meester in. In zijn verkiezingscampagne zei hij steeds: 'Yes we can!' en fysiek, emotioneel, mentaal en spiritueel straalde hij deze boodschap uit.
Als een spreker niet autheniek is, merkt het publiek dat ook meteen. Denk bijvoorbeeld maar aan Sarah Palin, de tegenkandidaat voor het vice-presidentschap. Zij straalde fysiek en emotioneel misschien wel kracht uit, maar wat zij inhoudelijk zei, was op zijn zachtst gezegd nogal onbenullig. Inhoudelijk straalde haar boodschap geen kracht uit. Het gevolg hiervan was dat Palin volop bespot is door menig komiek. Sarah Palin was dus niet authentiek. Bewust of onbewust merkt het publiek dat. Het publiek ziet het aan de lichaamshouding en merkt aan de intonatie dat de spreker niet echt meent wat hij zegt! Het klopt niet in de communicatie en de geloofwaardigheid daalt.

Als je te veel een rol speelt, zal het publiek dat dus merken. Juist door echt jezelf te zijn, onderscheid je je van anderen, waardoor jouw verhaal bij het publiek langer zal beklijven! Grote tv-persoonlijkheden zoals Matthijs van Nieuwkerk onderscheiden zich van anderen juist door hun eigenheid. Van Nieuwkerk onderscheidt zich bijvoorbeeld door het hoge tempo waarin hij interviews afneemt en zijn vermogen om snel te schakelen in een gesprek. Theo van Gogh onderscheidde zich bijvoorbeeld door zijn markante uiterlijk en zijn onverschillige uitstraling, maar ook door zijn uitgesproken mening. Zo heb ook jij je eigen specifieke kracht, en als je daar gebruik van weet te maken, dan maak je een goede, misschien zelfs onvergetelijke indruk op het publiek. Nu is het natuurlijk niet eenvoudig om je eigen kracht te herkennen en vervolgens te benutten. Maar als je in je presentatie een persoonlijk verhaal vertelt waar je emotie in legt, dan zal het publiek je betrokkenheid, en zo je kracht, herkennen.

Voor een pakkend begin kun je kiezen tussen een van de volgende openingen:
1 directe opening;
2 indirecte opening.

Ad 1 Directe opening
Bij een directe opening maak je meteen duidelijk waarover je presentatie zal gaan. Het publiek weet onmiddellijk waar je verhaal over handelt en kan zich daarop instellen. Een directe opening draait er niet omheen, is recht door zee, noemt het onderwerp meteen bij naam. Dat is helder, eerlijk, maar wel een tikkeltje voorspelbaar. Een voorbeeld:

> Dames en heren. Als ondernemer hebt u er vast al wel mee te maken gehad, en zo nee, dan krijgt u er zeker mee te maken: personeel. Vandaag wil ik het met u hebben over het opzetten van een personeelsbeleid voor ondernemingen die na hun startfase in een groeifase terechtkomen.

Een directe opening is een goede keuze als je er zeker van kunt zijn dat het publiek belangstelling heeft voor het onderwerp, bijvoorbeeld omdat men er speciaal voor gekomen is, of omdat men echt behoefte heeft aan de informatie van de spreker.

Ad 2 Indirecte opening
Er zijn natuurlijk ook onderwerpen waarvoor het publiek niet direct warmloopt. Naast de directe opening is er daarom ook de mogelijkheid van de indirecte aanpak. Bij een indirecte opening vertel je eerst iets dat los lijkt te staan van het echte onderwerp van je presentatie. Je vertelt bijvoorbeeld eerst een anekdote, citeert een bijzondere uitspraak of laat een cartoon zien. De indirecte opening is, indien goed uitgewerkt, vermakelijk, licht ontregelend, nieuwsgierig makend. Een voorbeeld:

> Dames en heren. Misschien hebt u wel eens het oude Joodse gezegde gehoord: 'Ik wens u veel personeel toe.' Als iemand dat tegen u zegt, heeft hij waarschijnlijk een hekel aan u. Want iemand 'veel personeel toewensen' betekent zoveel als: ik wens je veel ellende, sores en allerlei problemen toe. De bedenkers van dit gezegde hadden een nogal cynische kijk op personeel en alles wat daarbij komt kijken. Maar het kan ook anders, en dat is waar ik het vandaag met u over wil hebben: hoe kunt u een goed personeelsbeleid opzetten voor uw groeiende onderneming?

De belangrijkste functie van een indirecte opening is dus het krijgen van de aandacht van het publiek. Als de mensen eenmaal naar je luisteren, kun je hen vervolgens naar het eigenlijke onderwerp van je presentatie leiden.

Maar wat voor inleiding je ook kiest, de inleiding moet altijd voldoen aan de volgende voorwaarden.

1 Een inleiding moet functioneel zijn: zij moet verband houden met het thema van de presentatie. Om als inleiding voor een presentatie over sportsponsoring de nieuwste grap over de minister-president te vertellen, wekt verwarring en misschien wel irritatie: je zet de luisteraar wel heel erg op het verkeerde been.
2 Een inleiding moet zo veel mogelijk aansluiten bij de belevingswereld van het publiek. De laatste grap over de minister-president zal bij een publiek van achtjarigen zijn doel finaal missen. Je betrekt het publiek pas bij de presentatie, als je zo veel mogelijk aansluit bij hun normen en ervaringen. Het is ook verstandig om in de inleiding aan te geven welk persoonlijk belang het publiek erbij heeft om te luisteren.

We geven hierna elf suggesties voor het vinden van een motiverende, indirecte opening. Elke aanwijzing is voorzien van een nadere uitleg en een voorbeeld. Aan het eind van deze subparagraaf gaan we nog kort in op de vraag hoe je aan geschikt materiaal komt voor een indirecte opening.

Openingsidee 1: vertel iets over jezelf

Een goede manier om de aandacht van het publiek te trekken, is eerst iets over jezelf te vertellen. Je maakt dan gebruik van het retorische middel 'ethos' (schermen met eigen kwaliteiten). En je hebt zo ook de mogelijkheid een authentiek verhaal te vertellen. Voorbeeld 3.1 geeft een mogelijke inleiding weer.

Voorbeeld 3.1
Als kind op de basisschool vond ik het altijd heel erg leuk om een spreekbeurt te houden, dit in tegenstelling tot veel van mijn klasgenootjes! Op de middelbare school hield ik nog steeds graag praatjes voor de klas. Mijn leraren raadden mij ook aan om zelf leraar te worden. Maar dat zie ik voorlopig niet zitten, daarom koos ik ook voor de opleiding MER. Jullie kunnen je dus vast voorstellen dat ik erg geniet van deze module 'presentatietechniek'. Ik vind het ook erg leuk om jullie vandaag iets te vertellen over 'bedrijfsfitness'.

Openingsidee 2: bespreek de voorgeschiedenis van het onderwerp

Vaak is het heel verhelderend voor het publiek om op de hoogte te zijn van de voorgeschiedenis. Tevens kun je het publiek motiveren door wetenswaardige details. Een mooi voorbeeld vind je in voorbeeld 3.2.

Voorbeeld 3.2
In de jaren zeventig van de vorige eeuw legde het Amerikaanse leger een netwerk via de computer aan. Hiermee kon men met elkaar communiceren zonder afhankelijk te zijn van de plaats van verblijf. Zo was het leger niet slechts aangewezen op telefoonverbindingen en zo hielden ze de informatiestroom binnen hun eigen gelederen. Vervolgens haakten universiteiten aan; die konden door middel van dit computernetwerk ook op grote schaal informatie uitwisselen. Dat scheelde pakken papier en dus ook veel tijd. Daarna haakten ook commerciële aanbieders aan en zo werd de digitale snelweg een feit. Als gevolg hiervan ontstond ook het Nederlandse internetbedrijf Bol.com, het onderwerp van deze presentatie.

Openingsidee 3: koppel het onderwerp aan de actualiteit

Het kan gebeuren dat het onderwerp van je presentatie heel actueel is. Je hoeft dan alleen maar een paar weken de kranten bij te houden om een goede inleiding te verzorgen. Uit de artikelen die je hebt geselecteerd, kies je bijvoorbeeld pakkende of met elkaar strijdige uitspraken. Zie voorbeeld 3.3, waarin uitspraken over voetbalvandalisme staan. Noem wel de bron waaraan je de uitspraken hebt ontleend en zorg dat de uitspraken ook zonder de context voor het publiek begrijpelijk zijn.

> **Voorbeeld 3.3**
>
> 'Voetbalclubs werken aan stadionverbod agressieve supporters.'
>
> 'De ellende wordt in principe veroorzaakt door een relatief kleine groep jongens; de anderen zijn stuk voor stuk prima jongens, maar ze worden meegesleept.'
>
> 'Mijn zoon is misschien één keer met zijn kind naar het voetbal geweest. Zo'n jongen heeft er meteen zijn buik van vol. Hem zie je niet meer in een stadion.'

Openingsidee 4: begin met een anekdote

Als je je verdiept in een onderwerp, kom je ook vaak anekdotes tegen: een voorval of gebeurtenis die met het onderwerp te maken heeft. Bijvoorbeeld als je een presentatie houdt over klantenservice, zou je het – sterke – verhaal uit voorbeeld 3.4 kunnen vertellen.

> **Voorbeeld 3.4**
>
> Een Engelsman heeft in de Franse Pyreneeën opeens pech met zijn pasgekochte Rolls Royce. In het dichtstbijzijnde dorp vindt hij een garage, maar de monteur zegt dat hij hem niet kan helpen omdat hij niet over Rolls Royce-onderdelen beschikt. Het enige wat erop zit, is Rolls Royce in Londen te bellen en te hopen dat ze het onderdeel zo snel mogelijk opsturen. De volgende dag landt een helikopter op het dorpsplein. De piloot springt eruit, overhandigt het onderdeel en stijgt weer op zonder dat iemand de kans krijgt een woord met hem te wisselen. Na de reparatie kan de Engelsman weer verder. Als hij terug is van vakantie verbaast het hem dat hij niets van Rolls Royce hoort. Hij belt het hoofdkantoor op en vraagt waar de rekening blijft. 'Wat voor rekening?', is het antwoord. 'Voor de keer dat ik motorpech had met mijn Rolls!' 'Er moet hier een betreurenswaardig misverstand in het spel zijn', zegt de stem aan de andere kant. 'Rolls Royces hebben nooit motorpech.'
>
> Bron: ontleend aan Portnoy, E. (1987). *Broodje aap*, 11e druk. Amsterdam: De Harmonie

Vooral een voorval dat je zelf hebt meegemaakt, betrekt de luisteraar sterk bij de presentatie. Bijvoorbeeld als een arts spreekt over het nut van een donorcodicil (zie voorbeeld 3.5).

> **Voorbeeld 3.5**
>
> 'Onlangs overkwam mij een nare gebeurtenis. Terwijl ik nachtdienst had, werd een zwaargewond verkeersslachtoffer binnengebracht. De patiënt had ernstig leverletsel. Tijdens de spoedoperatie bleek dat het orgaan niet meer te redden was. Kort daarvoor overleed in het ziekenhuis een man aan een hartaanval. Omdat zijn lever gezond was, liet ik vragen of de familieleden bezwaar hadden tegen transplantatie; de overledene droeg geen codicil bij zich en de familie voelde er weinig voor. Er was op dat moment geen andere lever beschik-

baar, dus de patiënt op de operatietafel stierf, onnodig. U zult begrijpen dat ik een dergelijke situatie niet nog eens hoop mee te maken. Ik wil nu wat uitgebreider toelichten waarom ik vind dat iedereen een donorcodicil zou moeten dragen.'

Openingsidee 5: trechter het onderwerp langzaam in

Je kunt een presentatie ook beginnen door het onderwerp ruim aan te duiden en het vervolgens steeds verder in te perken. Voordeel van deze manier van openen is dat je de luisteraar meteen duidelijk maakt waar jouw (deel)onderwerp een onderdeel van is. Je kunt dan ook de raakvlakken met andere onderwerpen snel duidelijk maken. Een voorbeeld van een zogenoemde trechteropening is de inleiding in voorbeeld 3.6.

Voorbeeld 3.6

Aandacht voor de gezondheid is nog steeds in. Niet alleen letten we wat meer op wat we eten, maar we doen ook veel meer aan sport dan vijfentwintig jaar geleden. Dit gezondheidsbewustzijn is doorgedrongen in het bedrijfsleven. Roken op de werkvloer is taboe, men moet aandacht besteden aan de Arbovoorschriften en in veel bedrijven zijn zelfs, in navolging van Japan, gymnastische oefeningen tijdens werktijd ingevoerd. Voor deze laatste ontwikkeling wil ik graag uw interesse wekken. Ik behandel achtereenvolgens de voor- en nadelen voor het bedrijf en de werknemers van bedrijfsfitness en bekijk ten slotte hoe een en ander in de praktijk te realiseren is.

Openingsidee 6: start met een populair misverstand

Je trekt de aandacht van de luisteraar door hem te prikkelen met een uitspraak die door vrijwel iedereen wordt onderschreven, maar waarvan jij de onjuistheid aantoont of die je op de helling zet. Je vertelt het publiek iets nieuws en iets onverwachts (zie voorbeeld 3.7).

Voorbeeld 3.7

De meeste Nederlanders denken dat ze deel uitmaken van een beschaafd volk. Een van de maatstaven voor beschaving is de persoonlijke hygiëne. En die is inderdaad in onze maatschappij gebonden aan een heleboel stilzwijgende afspraken en regels: we snuiten onze neus niet meer met de vingers, we spugen niet op de grond en we doen onze behoeften, zoals in de achttiende eeuw gebruikelijk was, niet langer zomaar op straat. Opvoeding en bestraffing hebben ervoor gezorgd dat we bepaalde handelingen als intiem zijn gaan beschouwen. We zonderen ons af in de beslotenheid van het privaat en verwachten dat andere mensen even discreet zijn. Maar is dat wel zo? Uit onderzoek blijkt dat de concentratie urine in zwembaden verbijsterend hoog is. Het beschavingsproces is kennelijk niet bij iedereen aangeslagen...

Openingsidee 7: open met een retorische vraag

Een retorische vraag is geen echte vraag. Het is een vraag waarop maar één antwoord mogelijk is. Je kunt je verhaal bijvoorbeeld beginnen zoals in voorbeeld 3.8.

Voorbeeld 3.8

Wie maakt zich tegenwoordig geen zorgen over de enorme uitstoot van schadelijke stoffen door de steeds toenemende files? (als opening van een presentatie over Europese milieunormen)

Je legt het publiek het antwoord als het ware in de mond. Het is echter niet aan te bevelen het publiek echt vragen te stellen. Als je dat zou doen, wordt de vraag uit voorbeeld 3.8: *Wie van u maakt zich zorgen over de enorme uitstoot van schadelijke stoffen door de toenemende files?* Je bent dan wel erg afhankelijk van de bereidwilligheid van het publiek. Je staat met je mond vol tanden als niemand antwoordt. Stel geen vragen die te veel voor de hand liggen: daar activeer je het publiek niet mee. Geef het publiek wel even de kans om na te denken als je een retorische vraag stelt, anders gaat het effect verloren.

Openingsidee 8: open met een citaat of met beeld- of geluidmateriaal

Een toepasselijke uitspraak of goedgekozen audiovisueel materiaal, bijvoorbeeld een cartoon, een filmpje van YouTube of een stuk uit een film of een documentaire, kunnen in heel korte tijd een luisteraar duidelijk maken wat het onderwerp van de presentatie zal zijn. Zorg voor een goede inleiding: vertel van wie het citaat is of waaruit het audiovisuele materiaal afkomstig is. Als je het publiek wilt verrassen, bewaar je deze informatie tot na het citaat of het beeld-/geluidmateriaal (zie voorbeeld 3.9).

Voorbeeld 3.9
Je begint je presentatie met het tonen van de volgende cartoon.

Nadat iedereen de tijd heeft gehad de cartoon lezen, kun je beginnen met: 'Zoals je aan dit plaatje kunt zien, is het nog niet zo eenvoudig om goede enquêtevragen te stellen met bijpassende antwoordmogelijkheden. In mijn verhaal van vandaag wil ik graag stilstaan bij een aantal veelgemaakte fouten in vragenlijsten. Ik wil vooral de aandacht vestigen op fouten in de antwoordmogelijkheden bij gesloten vragen. De kans is groot dat we binnenkort tijdens onze stage zelf zo'n enquêteonderzoekje moeten gaan uitvoeren; het kan dan bepaald geen kwaad als je vooraf al alert bent op veelgemaakte fouten.'

Openingsidee 9: een klassieke opening: start met een voorbeeld

Allerlei abstracte en voor het publiek moeilijk voorstelbare onderwerpen kun je goed introduceren aan de hand van een voorbeeld. In dagbladen maken journalisten vaak van deze techniek gebruik: als bij een aardbeving of overstroming heel veel mensen zijn getroffen of gedood, maakt de nuchtere vermelding van het aantal doden of getroffenen weinig indruk op de lezer. Meestal tref je in zo'n artikel een gedetailleerde beschrijving aan van de rampspoed die een individu door de natuurrampen is overkomen. Door de ellende van één persoon onder de aandacht van de lezer te brengen, maakt de journalist het leed voorstelbaar.

Ook als spreker kun je van deze techniek gebruikmaken. Je kunt de presentatie beginnen met een goed uitgewerkt voorbeeld. Maak de informatie zo concreet mogelijk. De mededeling dat het onderhoud van monumenten jaarlijks 25 miljoen euro kost, maakt minder indruk dan de mededeling dat het onderhoud aan de St. Jan in Den Bosch dagelijks 2.500 euro kost. Hoe tastbaarder en concreter de informatie wordt gepresenteerd, hoe begrijpelijker zij wordt.

Een goede bron voor actuele concretiseringen vormt de televisiereclame. Door te verwijzen naar commercials die je publiek ook kent, kun je goed aansluiten bij de leefwereld en ervaringen van je toehoorders. Denk bijvoorbeeld aan de reclamecampagne van KPN, waarin gewone mensen van verschillende leeftijden gebruikmaken van diensten van de KPN, zoals een jongetje dat verstoppertje speelt met zijn vriendjes en die zijn vriendjes niet gaat zoeken, maar hen belt op hun mobiel, zodat de verstopplek verraden is. Dit is een mooi voorbeeld om aan te tonen wat een grote rol de mobiele telefoon in ons leven heeft, als je bijvoorbeeld een presentatie houdt over de opkomst van de mobiele telefoon onder kinderen.

Openingsidee 10: trek de aandacht met een opmerkelijke uitspraak

Je kunt het publiek ook prikkelen door een opmerkelijke uitspraak over het onderwerp te doen, zoals bij een inleiding van een presentatie over arbeidsongeschiktheid in voorbeeld 3.10.

> ▨ **Voorbeeld 3.10**
>
> Als een foetus inspraak zou hebben in waar hij geboren zou worden en hij zou prijs stellen op een lang leven, dan zou hij Nederland als geboorteland kiezen. In Nederland is de kans dat je als baby sterft het kleinst en de levensverwachting het hoogst. Een man wordt gemiddeld 78 jaar en een vrouw zelfs ouder dan 82. Een gezond volk, die Nederlanders. Toch is 20% van de werkende bevolking tijdelijk of blijvend arbeidsongeschikt. De gezondste bevolking ter wereld heeft tegelijkertijd de meeste uitvallers wegens ziekte of invaliditeit ter wereld. De politicus Rietkerk zei hierover ooit eens: 'Als een buitenlander onze arbeidsongeschiktheidscijfers ziet, moet hij toch het ernstige vermoeden krijgen dat hier zojuist een zware oorlog heeft gewoed.'

Openingsidee 11: begin met een raadsel, een paradox of een intrigerende omschrijving

Waarom pakken we een cadeautje eigenlijk in en doen we er een mooie strik om? Het gaat toch om wat erin zit? Dat cadeaupapier voegt toch niets toe aan de inhoud? Vrijwel iedereen vindt een cadeautje dat mooi is ingepakt leuker dan een cadeautje, waarvan direct te zien is wat het is. Mensen vinden het leuk om verrast te worden, mensen vinden het leuk om nieuwsgierig gemaakt te worden.

Dat inpakken en nieuwsgierig maken kan ook met woorden. Gewoon een kwestie van het onderwerp anders omschrijven en verrassend presenteren. Denk aan een raadsel of een mooie paradox ('Less is more!'). Wat ook prima werkt is een ongewone omschrijving die tot vragende blikken bij de toehoorders leidt, zoals in voorbeeld 3.11.

Voorbeeld 3.11
Graag wil ik het met u hebben over een onderwerp dat mensen meestal pas interesseert als het te laat is. Een onderwerp dat iedereen koud laat, maar waar vakbonden en werkgevers verhit over strijden. Een onderwerp dat abstract is, maar ooit heel concreet wordt. Een onderwerp waar we niets van snappen, maar waarvan we later niet snappen dat we het toen niet snapten. Dames en heren, ik wil het met u hebben over uw toekomstige pensioen.

Vergeet het bruggetje niet
We hebben een reeks mogelijkheden besproken om je presentatie op een min of meer verrassende manier te openen. Dat gaat niet altijd goed. Soms legt een spreker zoveel nadruk op de originele opening, dat het publiek niet goed in de gaten krijgt waar de presentatie eigenlijk écht over gaat. Verwarring kan het gevolg zijn. Als je voor een indirecte aanpak kiest, vergeet dan het bruggetje niet. Zorg ervoor dat je bij de overgang van je inleiding naar de kern, extra nadrukkelijk aangeeft wat het eigenlijke onderwerp van je verhaal is. Door je indirecte inleiding heb je je toehoorders even op het verkeerde been gezet, let erop dat ze tijdig weer op het goede been komen te staan.

Hoe vind je geschikt materiaal voor een indirecte opening?
Je hebt hiervoor veel voorbeelden van pakkende openingen gelezen. De vraag is nu: hoe kom ikzelf aan zo'n mooie anekdote, populair misverstand of opmerkelijke uitspraak? Het antwoord is: zoeken, praten, lezen en goed om je heen kijken. Ga bij je oriëntatie op het onderwerp zo snel mogelijk rondspeuren naar dat grappige voorbeeld, die recente gebeurtenis of dat toepasselijke Chinese spreekwoord. Mogelijke bronnen zijn televisiereclame, films, krantenartikelen, maar bijvoorbeeld ook citatenwoordenboeken. Zie voorbeeld 3.12.

Voorbeeld 3.12
Fouad moet een presentatie houden over communicatie binnen organisaties. Hij is op zoek naar een aandachttrekkende opening die goed illustreert wat er allemaal fout kan gaan in communicatie. Na enige tijd nadenken en het in gedachte scannen van aansprekende televisiereclames, schiet hem die *commercial* te binnen van de drie 'vrienden van Amstel', waarbij twee van de drie vrienden vol enthousiasme een badkamer aan het slopen zijn. Uitpuffend met een welverdiend biertje zitten beide heren in de keuken. Derde vriend komt binnen, kijkt om zich heen en vraagt: 'Zijn jullie nog niet begonnen?' Een mooi voorbeeld van wat we een communicatiemisverstand noemen (de vrienden sloopten de mooie badkamer in plaats van de oude, lelijke keuken). En ook een mooi voorbeeld van een mogelijk aansprekende presentatie-opening. Als het tussen een paar vrienden al zo fout kan gaan met de communicatie, wat gaat er dan in werkelijkheid niet allemaal fout in een ingewikkelde organisatie?

Als je weet dat je regelmatig moet presenteren en wellicht regelmatig verlegen komt te zitten om een bruikbaar verhaal of citaat om te openen, leg dan een mapje aan met mooie voorbeelden die je zo nu en dan ongetwijfeld tegenkomt. Komt de nood aan de man, dan beschik je met een beetje geluk precies over die anekdote of gepeperde uitspraak die je in je opening kunt verwerken.

3.1.2   Het publiek informeren

Voordat je aan het inhoudelijk gedeelte (de kern) van je presentatie begint, moet je het publiek eerst informeren over het onderwerp, de centrale vraag, de structuur en het doel van je presentatie. Deze vier punten zijn voor de luisteraar van het grootste belang! Je publiek is gekomen om iets van jouw verhaal op te steken. Als het pas aan het eind erachter moet komen wat eigenlijk de kern van jouw betoog geweest is, dan moet je wel een uitzonderlijk goede spreker geweest zijn, als je dertig minuten lang toch een zaal hebt kunnen boeien.
Een luisteraar heeft houvast nodig. Het onderwerp zal uiteraard bekend zijn. In voorbeeld 3.13 gaan we op zoek naar de centrale vraag om te komen tot de kern van het verhaal.

> **Voorbeeld 3.13**
> Marga Kroon van het studentendecanaat houdt een verhaal over de mogelijkheden die je als student hebt om stage te lopen in het buitenland. Wat gaat Marga precies vertellen? Noemt ze allerlei mogelijkheden, gaat ze ook in op de financiële aspecten, geeft ze aan welke stappen je moet zetten als je eraan wilt deelnemen, noemt ze voor- en nadelen van stagelopen in het buitenland ten opzichte van in Nederland blijven studeren, werkt ze een voorbeeld uit en geeft ze ook nog iets mee op papier?

Het is bijzonder prettig als een spreker in de eerste minuten, wanneer het publiek vaak nog alle aandacht heeft, kort en zakelijk uit de doeken doet volgens welke stappen en in welke volgorde de centrale vraag besproken gaat worden. Marga Kroon uit voorbeeld 3.13 zou in dit geval als centrale vraag hebben kunnen kiezen: *Wanneer is stagelopen in het buitenland interessant voor jou?* Zij noemt deze vraag, geeft aan hoe en in welke volgorde ze hem gaat uitwerken de aankomende twintig minuten en wat ze op papier heeft gezet voor diegenen die zich daadwerkelijk zouden willen aanmelden Zij geeft eveneens aan dat ze graag vragen zal beantwoorden, maar liever aan het eind van haar verhaal dan ertussendoor.

Zo'n start geeft rust aan een presentatie. Een inleiding raffel je dan ook niet af, je spreekt de tekst rustig uit. Dit is eveneens een mooi moment voor je publiek om zich een beeld van jou als spreker te vormen. Wat te denken van de spreker die in de eerste vier minuten voortdurend over zijn tong struikelt en zich, met de blik op oneindig en met het zweet op het voorhoofd, zo snel mogelijk door dat onbeduidende beginnetje heenwerkt?

3.2   Opbouw van het middenstuk

In het middenstuk van de presentatie vindt de werkelijke informatie-overdracht plaats; in inleiding en slot motiveer je de luisteraar en vat je het vertelde nog eens samen. Essentiële, nieuwe informatie bevatten deze gedeelten van de presentatie (bijna) nooit.

Globaal gezien kun je in je presentatie kiezen voor een lineaire orde-ning of voor een concentrische. Bij de lineaire ordening volgt je ver-haal als het ware een vooraf uitgestippeld traject. De subvragen zijn de tussenstations waar je langs komt op weg naar het eindstation: de be-antwoording van de hoofdvraag.

Concentrische ordening
Bij de concentrische ordening (ook wel: het ui-model) ontstaan de ver-schillende subvragen als het ware vanuit het verhaal zelf. Stel, een spreker wil voor een algemeen publiek uitleggen wat de meest recente vondsten zijn in de zoektocht naar een aids-vaccin. Hij zal dan steeds dieper moe-ten ingaan op het menselijk afweersysteem, het gedrag van virussen en de rol van allerlei eiwitten bij de virusbestrijding. Tijdens zo'n verhaal is het handig dat de spreker regelmatig even terugkeert naar het globale niveau. Waar ging het allemaal ook al weer om? Volgt het publiek nog wat hij te zeggen heeft? Is men nog ontvankelijk voor verdergaande informatie?
De concentrische methode leent zich vooral voor onderzoekers en spe-cialisten die een presentatie moeten houden voor een publiek van leken. Wij gaan hier uit van een lineaire aanpak.

Lineaire ordening
Vanuit de oriëntatie op het onderwerp ben je dus gekomen tot een cen-trale vraag. De beantwoording van die vraag zal het hoofddoel van de presentatie vormen. Belangrijk is dat je een heldere structuur aanbrengt in het middendeel: het helpt de luisteraar tijdens de presentatie de grote lijn beter te volgen. Bovendien onthoudt de luisteraar een duidelijk ge-structureerd verhaal beter en langer dan een verzameling losse feiten.

Je brengt structuur aan door de centrale vraag in drie tot *maximaal* vijf subpunten uit te werken! Je hebt eerder kunnen lezen hoe beperkt het opnamevermogen van mensen eigenlijk is. Zorg er dus voor dat je in je presentatie aansluit bij de kennis van je publiek; je geeft geen honderd procent nieuwe informatie, evenmin jakker je er een verhaal propvol details in twintig minuten doorheen. Een goede presentatie boeit, omdat de informatie geselecteerd is voor een specifiek publiek en dat is altijd minder dan wat jij er allemaal zelf over zou weten te vertellen!
Essentieel bij het aanbrengen van een goede structuur is om aan te geven vanuit welke invalshoek je het onderwerp benadert. De invals-hoek bepaalt welke inhoud je presentatie heeft. Beschrijf je de gevolgen van de kredietcrisis in 2009 voor de particulier, voor het bedrijfsleven, voor de politiek of voor alle drie de invalshoeken? Ook hier is het be-langrijk om aan te sluiten bij de interesse van je publiek. Als je publiek (bijvoorbeeld studenten) vooral geïnteresseerd is in de gevolgen van de kredietcrisis voor het vinden van een baan in het bedrijfsleven, dan is de invalshoek dus de particulier, en nog specifieker: de student. Dan hoef je de gevolgen voor de politiek dus geen aandacht te geven, daar-in is het publiek minder geïnteresseerd.

Hoe kom je van de centrale vraag tot de subvragen? Dat is voorname-lijk een kwestie van gezond verstand. De indeling in subvragen is voor-al afhankelijk van het soort onderwerp dat je kiest. Je moet bedenken welke informatie de lezer nodig heeft om het antwoord op de hoofd-vraag te begrijpen. Die informatie breng je onder in een aantal subvra-gen. In voorbeeld 3.14 zijn twee mogelijkheden gegeven voor de inde-ling in subvragen.

Voorbeeld 3.14

1 Als je je presentatie houdt over de totstandkoming van een nieuw beleid (centrale vraag: hoe is het nieuwe beleid tot stand gekomen?) dan kun je de volgende subvragen maken: 1 Wat is het probleem in de oude situatie? 2 Wat zijn de oorzaken van dat probleem? 3 Welke oplossingen voor het probleem zijn er mogelijk? 4 Welke oplossing is de beste?

2 Je kunt ook een presentatie houden waarin je alleen op de oplossingen voor het probleem ingaat. Je gaat dan veel uitgebreider in op bijvoorbeeld de criteria waarom je een bepaalde oplossing hebt gekozen. De centrale vraag zou kunnen zijn: waarom hebben we voor oplossing x gekozen? De subvragen kunnen de verschillende criteria zijn.

Na deze fase heb je een hoofdvraag en drie tot vijf subpunten. Je moet nu alleen nog bepalen in welke volgorde je de vragen gaat behandelen. Daarvoor heb je een vaste richtlijn, een ordeningsprincipe, nodig. Er zijn verschillende manieren om informatie te ordenen. We bespreken er in de volgende subparagrafen een aantal. Welk ordeningsprincipe je kiest, wordt grotendeels bepaald door het onderwerp. We zullen met behulp van voorbeelden duidelijk maken welke ordeningsprincipes zich het best lenen voor bepaalde onderwerpen.

3.2.1 Logische ordening

Stel dat je een presentatie gaat houden over solliciteren via internet. Het uiteindelijke doel is dat je het publiek informeert over hoe het bij het zoeken naar een baan zo goed mogelijk gebruik kan maken van het internet. Je zult in ieder geval de volgende punten moeten bespreken:
· Hoe gaat solliciteren via internet in z'n werk?
· Wat zijn de voordelen?
· Wat zijn de nadelen?

Voordat je ingaat op hoe te solliciteren via internet, kun je eerst een schets geven van hoe vaak internet gebruikt wordt bij het solliciteren. We weten allemaal wel dat solliciteren via internet kan, maar wat zijn specifieke cijfers? Pas als je deze huidige stand van zaken hebt bespro-ken, kunnen de luisteraars zich een goed beeld vormen van het onder-werp en kunnen ze de rest van de informatie beter plaatsen.

Je zult in dit geval de subvragen zo moeten ordenen dat het publiek de informatie die bij vraag 1 hoort, kan gebruiken om het antwoord op vraag 2 en 3 te begrijpen (zie figuur 3.1). Je kunt de laatste twee vragen dus alleen maar beantwoorden als je de eerste vraag hebt beantwoord. Dit principe dwingt dus een logische volgorde van subvragen af.

Figuur 3.1 **Logische ordening van de vragen**

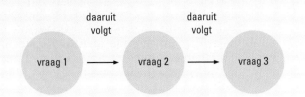

3.2.2 **Chronologische ordening**

Je kunt een onderwerp vaak bespreken door bij het begin te beginnen. Zo werk je in verschillende hoofdpunten naar het heden toe. Dat bespreek je het laatst. Dit ordeningsprincipe is geschikt als je een bepaalde ontwikkeling wilt schetsen, bijvoorbeeld de totstandkoming van de Europese Gemeenschap. Het is dan ook mogelijk en zelfs heel voor de hand liggend om ten slotte een blik in de toekomst te werpen – zoals weergegeven in figuur 3.2 – door bijvoorbeeld te speculeren over wat er in de toekomst gaat gebeuren.

Soms is ook het omgekeerde mogelijk: je werkt terug vanuit het heden naar het verleden. Via dit ordeningsprincipe kun je van een heel geavanceerd product de primitievere vormen laten zien. Ook kun je de luisteraar eerst een onbegrijpelijke situatie in het heden voorschotelen, bijvoorbeeld de macht die de maffia in Zuid-Italië nog steeds uitoefent, ondanks alle jacht die er op maffiosi wordt gemaakt. Dit verschijnsel is alleen uit het verleden te verklaren. Je kunt dan steeds een stukje van de puzzel inpassen door verder in het verleden terug te gaan.

Figuur 3.2 **Begin bij het begin en werk toe naar de toekomst**

Chronologische ordening

Hoe was het voorheen?   Hoe is het nu?   Hoe zal het in de toekomst zijn?

Aspect A   Aspect B   Aspect C

1900   1950   2000   2050   3000

Verleden   **Heden**   **Toekomst**

3.2.3 Geografische ordening

Stel dat je de export van bloemen naar Frankrijk, Duitsland en de Verenigde Staten wilt bespreken. De opbouw van het middendeel wijst zich dan vanzelf: je bespreekt de situatie per land. Ook als je het milieubeleid van de gemeenten Groningen, Den Haag en Vlissingen wilt doorlichten, is het niet moeilijk daarbij een structuur te ontwerpen. Bij dit ordeningsprincipe maakt het niet uit welk land of welke plaats je eerst behandelt; de volgorde is willekeurig. Behandel wel bij elke plaats of elk land dezelfde punten. Een luisteraar is erg gesteld op symmetrie. Als je voor dit simpele ordeningsprincipe kiest (zie figuur 3.3), loop je wel het gevaar dat je soms informatie dubbel vertelt. Als dit veelvuldig dreigt te gebeuren, moet je op zoek naar een ander ordeningsprincipe.

Figuur 3.3 **Een simpel ordeningsprincipe**

3.2.4 Probleemoplossende ordening

Heel vaak zal je in een presentatie een bepaald probleem bespreken, bijvoorbeeld 'productiekosten', met als hoofdvraag: is het interessant voor ons om een deel van onze productie naar de lagelonenlanden te verplaatsen? De oplossing van het probleem vindt vaak volgens een vast plan plaats (zie tabel 3.1). Eerst beschrijf en analyseer je het probleem (stap 1). Daarna inventariseer je mogelijke oplossingen (stap 2). Vervolgens beoordeel je de haalbaarheid en uitvoerbaarheid van de oplossingen volgens vastgestelde criteria (stap 3). Ten slotte kom je tot een oplossing (stap 4) en verdiep je je in de praktische uitvoering ervan (stap 5).

Zelden zul je deze hele cyclus in één presentatie langs moeten (en kunnen) lopen. Bepaal bij je publieksoriëntatie waar voor jouw verhaal het vertrekpunt ligt en sluit daarop aan met de presentatie. Je zult zien dat men heel vaak al redelijk wat kennis heeft van de beeldvormende fase en de mogelijke oplossingen. Je kunt deze twee stappen dan kort samenvatten in de inleiding en het verhaal daarna structureren zoals hiervoor is beschreven.

Tabel 3.1 **De oplossing van een probleem volgens een vast plan**

3.2.5 Andere mogelijkheden

Je kunt een tweedeling aanbrengen van theorie en praktijk; welk aspect van het onderwerp je het eerst behandelt, is afhankelijk van het onderwerp. Je kunt een opbouw maken van algemeen naar bijzonder of juist andersom; eerst de algemene wetmatigheid of regel daarna een uitwerking in voorbeelden. Je kunt ook uit de voorbeelden het algemene principe afleiden. Je kunt aansluiten bij de luisteraar door bekende feiten eerst te noemen om daarna onbekende gegevens te berde te brengen. Het is ook mogelijk om van belangrijke naar minder belangrijke informatie te werken of juist andersom, naar een climax toe te werken.

Als je het ordeningsprincipe voor de hoofdvragen hebt vastgesteld, ligt het stramien van de presentatie vast. Nu kun je dit magere geraamte gaan 'aankleden': per subvraag stel je daarna vast wat je gaat vertellen en in welke volgorde. Bedenk ook per subvraag in welke volgorde je de informatie gaat behandelen. Ook hier kunnen de hiervoor beschreven ordeningsprincipes je weer van dienst zijn.

Als je ook de structuur op subvraagniveau hebt vastgesteld, kun je de presentatie verder uitbreiden met voorbeelden, toelichting, anekdotes, parafrases enzovoort. Op deze wijze krijg je een heel gedetailleerd beeld van opbouw en inhoud van de presentatie. Het middenstuk is af. Nu moet je het nog voorzien van een inleiding en een slot. Hoe dat in zijn werk gaat, behandelen we in de volgende paragrafen.

3.3 Een duidelijke afsluiting

Je kunt een presentatie *niet* afsluiten met: 'dat was het, geloof ik', 'ik denk dat ik het hierbij wel kan laten' of 'dat was zo'n beetje wat ik te zeggen had'. Zo gaat je presentatie uit als een nachtkaars. En dat is jammer, want de slotwoorden blijven een luisteraar het best bij. Figuur 3.4 geeft de essentie weer van een goede afsluiting.

Middelmatige presentatie + goed slot	Goede presentatie + slecht slot
= goede presentatie	= slechte presentatie

Om een effectieve presentatie te houden, moet een slot duidelijk zijn en een *'uitsmijter'* bevatten. Onder een uitsmijter verstaan we een zin die de luisteraar bij zal blijven. Een grappige, spitse opmerking of een heel kernachtige samenvatting van de essentie van jouw verhaal! Zo'n slot vergt een goede voorbereiding. Op het moment zelf zal een goede slotzin zelden zomaar in je hoofd opkomen.

Naast een 'uitsmijter' bevat een slot meestal ook een *resumé* van het vertelde. Je vat nog eens de hoofdpunten van het betoog samen. Zorg er wel voor dat deze samenvatting zinvol is, maar geef niet nóg eens een overzicht van de opbouw. Herhaal de kernmededelingen van de presentatie. Je kunt dat doen door middel van een *informatieve samenvatting* of een *indicatieve samenvatting*. In een informatieve samenvatting geef je de belangrijkste informatie nog een keer. In een indicatieve samenvatting vertel je alleen maar wat je verteld hebt; je behandelt dus niets inhoudelijks. In voorbeeld 3.14 geven we deze twee manieren om een presentatie af te sluiten:

Voorbeeld 3.14

1 Ik heb u laten zien wat de voordelen van bedrijfsfitness zijn voor het bedrijf: een hoger rendement, minder ziekteverzuim en voor de werknemer: een heldere geest, een gezond lichaam en meer arbeidsvreugde. Het is aan u te bepalen of die opwegen tegen de nadelen: een gering tijdsverlies en extra kosten voor begeleiding en faciliteiten. Een en ander is op verschillende manieren te realiseren; het meest courante model is dat van de verplichte ochtendgym en een facultatief lunch- of avondprogramma. Ik hoop uw interesse voor dit verschijnsel gewekt te hebben. Voor belangstellenden heb ik informatiefolders meegebracht. Maar misschien zijn er nog vragen? (informatieve samenvatting)

2 Ik heb de voor- en nadelen besproken van bedrijfsfitness. Ik heb ook aangegeven hoe bedrijfsfitness gerealiseerd kan worden enzovoort. (indicatieve samenvatting)

Is het niet mogelijk een korte informatieve of indicatieve samenvatting te geven, dan schort er iets aan de inhoud: misschien heb je te veel kernmededelingen behandeld of heb je onvoldoende duidelijk gemaakt hoe de verschillende onderdelen samenhangen. Reden om nog eens kritisch naar de inhoud van de presentatie te kijken!

Meestal bevat een slot dus geen nieuwe informatie, tenzij de presentatie gericht is op overtuigen. Je werkt dan naar een climax en noemt het sterkste argument het laatst. Een herhaling van al genoemde argumenten doet in zo'n geval alleen maar afbreuk aan de kracht van het betoog. Je sluit dan alleen af met een 'uitsmijter'.

Ook een mogelijkheid om af te sluiten is het uitspreken van een toe-komstverwachting. Als in de presentatie alleen is gesproken over heden en eventueel verleden, dan ligt het voor de hand om aandacht aan de toekomst te besteden. Dat kan ook de zeer nabije toekomst zijn. Als je bijvoorbeeld een presentatie hebt gehouden over het nut van een do-norcodicil, zou je in het slot kunnen aangeven wat je in dat opzicht na afloop van het publiek verwacht (zie voorbeeld 3.15).

Voorbeeld 3.15

En daarom hoop ik dat u allen zo snel mogelijk een donorcodicil invult. Ver-geet niet uw naaste familieleden in te lichten en uit te leggen waarom u dit doet. Ik dank u voor uw aandacht.

Erg fraai is het als inleiding en slot goed op elkaar zijn afgestemd. Je maakt dan als het ware de cirkel rond. In voorbeeld 3.16 zie je een in-leiding en slot die op elkaar zijn afgestemd.

Voorbeeld 3.16

Inleiding:
Iemand die dertig jaar geleden Nederlands leerde, vervolgens emigreerde en nu voor het eerst tieners weer Nederlands hoort spreken, zal lang niet alle ge-sprekken tot in de finesses begrijpen. Woorden als 'duh', 'lauw', 'cool', 'opzou-ten' en 'boeiénd', bestonden dertig jaar geleden nog niet of nog niet in deze betekenis. Tieners houden met behulp van een eigen geheimtaal ongewenste personen buiten. Je moet de wachtwoorden kennen om te worden toegelaten.

Slot:
Taal is voor de tiener wat de PIN-code is voor de bankrekeninghouder. Het is niet aan te raden ondeskundig gebruik van die taal te maken: als je drie keer de verkeerde code intikt, gaat er ergens een alarm over.

3.4 Overgangen tussen de verschillende onderdelen

In het middenstuk van de presentatie beantwoord je een hoofdvraag in drie tot vijf kernpunten. Je hebt een pakkende inleiding gevonden en het slot is een echte uitsmijter. Toch ben je er dan nog niet. Een pre-sentatie mag op een luisteraar niet overkomen als een verzameling losse brokstukken: het behoort één geheel te zijn. Je zult de onderdelen van de presentatie nog met elkaar moeten verbinden. Dit doe je door middel van *structuurovergangen*: met overgangspassages of -zinnen ver-bind je de verschillende onderdelen van de presentatie.

Er zijn verschillende mogelijkheden om de stap van het ene naar het andere onderdeel te markeren. Je kunt een korte samenvatting geven van het voorafgaande:

[1]   Zoals we hebben gezien, had de oude situatie drie nadelen:
        geluidsoverlast, warmteverlies en onveiligheid.

Je kunt ook een vooruitblik geven op wat je nog gaat vertellen:

> [2]   Ik heb alle mogelijke oplossingen voor het probleem besproken. Ik
>   zal nu aangeven aan welke eisen de oplossing moet voldoen.

Ten slotte zou je het verband kunnen aangeven tussen de onderdelen:

> [3]   Tot nu toe heb ik alleen de nadelen van outplacement voor de
>   werknemer besproken. Er zijn echter ook grote voordelen, die ik nu
>   zal bespreken.

Denk niet dat de structuurovergangen je vanzelf te binnen zullen
schieten, omdat je zo goed in de stof zit. De meeste sprekers vergéten er
juist aandacht aan te besteden, omdat ze zo goed in het onderwerp zitten; ze gaan uit van hun eigen kennis, niet van de kennis die bij de
luisteraar aanwezig is. Je zult vooraf moeten nadenken over het verband dat er tussen verschillende onderdelen bestaat en hoe je dat het
best aan de luisteraar duidelijk maakt. Het beste is om de structuurovergangen tijdens de voorbereiding uit te schrijven.
Zonder structuurovergangen blijft een presentatie een verzameling
fragmenten. Voor het publiek is een structuurovergang een rustpunt in
het verhaal. De luisteraar krijgt geen nieuwe informatie. Als hij of zij de
draad van het verhaal is kwijtgeraakt, wordt hij bij een structuurovergang in de gelegenheid gesteld deze weer op te pakken.

3.5   De structuur inzichtelijk maken

In deze paragraaf bespreken we eerst de begrippen interne structuur en
externe structuur. Daarna geven we een aantal mogelijkheden om op
woordniveau de interne structuur expliciet te maken.

3.5.1   Interne en externe structuur

Je hebt in de voorafgaande paragrafen gelezen hoe je een middenstuk
helder kunt structureren. We hebben laten zien hoe de presentatie van
inleiding en slot kon worden voorzien. Daarnaast werd duidelijk dat de
onderdelen van de presentatie niet als losse brokstukken konden worden gepresenteerd: met behulp van overgangszinnen werden de onderdelen aan elkaar gesmeed. Tot nu toe heb je geleerd hoe je een presentatie van een degelijke *interne structuur* voorziet.

Een goed doordachte interne structuur is voor de luisteraar echter niet
voldoende. Hij is in dit opzicht sterk in het nadeel ten opzichte van de
lezer. Een lezer maakt, om de structuur van een tekst te doorzien, gebruik van allerlei aanwijzingen: de hoofdstukindeling en nummering,
de verdeling in alinea's, tussenkopjes en onderstrepingen. Een luisteraar is daarentegen voor het begrip van de grote lijn geheel aangewezen op wat de spreker daarover zegt. Een spreker heeft nu eenmaal niet
de beschikking over typografische signalen. Daar komt bij dat een lezer
terug kan bladeren, als de structuur hem niet meer duidelijk is. Een
luisteraar ontbeert ook die mogelijkheid.

Je moet de toehoorder dus voortdurend een goed overzicht van de
grote lijn van de presentatie geven. Daarom moet je het verhaal een *ex-*

terne structuur geven. Dat betekent dat je toelichting geeft op de manier waarop je je presentatie hebt opgebouwd en op de samenhang van de verschillende onderdelen die je behandelt. Er zijn verschillende middelen om dit te doen. Visuele ondersteuning is er één van. Daarover spreken we uitgebreid in hoofdstuk 4. In dit hoofdstuk behandelen we de verbale middelen om de presentatie een uiterlijke structuur te geven.

We hebben al gewezen op de structurerende functie van inleiding, slot en structuurovergangen. In de inleiding informeer je de luisteraar meestal over de globale opbouw van de presentatie. Je introduceert de centrale vraag en de punten die je daarbij wilt behandelen. Dit geeft de luisteraar al meteen een idee van de structuur. In het slot geef je een kort resumé van de besproken zaken. Je vult dan als het ware nog eens de structuur in die al in de inleiding werd aangegeven. Ten slotte zijn de structuurovergangen uitermate geschikt om tussentijds de structuur nog eens aan te geven: je maakt de luisteraar tussen twee onderdelen in nog eens duidelijk hoe het ene onderdeel met het andere in verband staat.

3.5.2 Interne structuur expliciet maken

Ook op woordniveau zijn er mogelijkheden om de interne structuur expliciet te maken. Je gebruikt *signaalwoorden* en *verwijzingen*. Daarnaast breng je *redundantie* aan. We gaan nu op deze mogelijkheden nader in.

Signaalwoorden
Met signaalwoorden geef je de relatie aan tussen alinea's, zinnen en zinsdelen.
Bijvoorbeeld:

> [1]   *Ten eerste* hebben we te kampen met financiële problemen, *ten tweede* zijn er problemen van technische aard en *ten slotte* zijn hierdoor ook sociale problemen ontstaan.

Door het gebruik van signaalwoorden weet de luisteraar onmiddellijk dat je bezig bent een opsomming te geven. Zo zijn er ook signaalwoorden die aangeven dat je hetzelfde nog eens op een andere wijze formuleert:

> [2]   *Met andere woorden*: we zitten met een enorm probleem.

Of dat er sprake is van een tegenstelling:

> [3]   *Hoewel/ofschoon* de resultaten heel bemoedigend leken, is het bedrijf *toch* failliet gegaan.

Verwijzingen
Naast de signaalwoorden kun je ook gebruikmaken van *verwijzingen*: je koppelt informatie die je bespreekt aan informatie elders in de presentatie. De onderlinge samenhang wordt de luisteraar zo tussentijds duidelijk gemaakt. Verwijzingen verhogen de aandacht van de luisteraar: die onthoudt altijd extra goed wat hem of haar is toegezegd. Er zijn twee soorten verwijzingen: vooruitwijzingen en terugwijzingen. Een vooruitwijzing luidt als volgt:

> [4]   Aan welke eisen moet de maatregel tegen stankoverlast voldoen? Die vraag zal ik straks uitgebreid beantwoorden. Ik zal eerst een beeld schetsen van de omvang van het probleem.

De volgende zin is een terugwijzing:

> [5]   Ik heb al in de inleiding verteld dat een dergelijke maatregel meestal tot grote problemen leidt.

Markeer de interne structuur van de presentatie zo duidelijk mogelijk: *beter te veel verwijzingen en signaalwoorden dan te weinig.* Wat in jouw oren al snel overdadig of overbodig klinkt, is voor de luisteraar vaak een nuttige aanwijzing. Bedenk dat het publiek veel minder is ingevoerd in het onderwerp!

Redundantie
Een laatste mogelijkheid om de luisteraar van begin tot eind bij de lijn van de presentatie te houden, is het aanbrengen van *redundantie*. We hebben al in hoofdstuk 1 aangegeven dat de luisteraar bij mondelinge presentaties in bepaalde opzichten gehandicapt is: hij kan niet teruglezen wat hij niet begreep en hij heeft geen hoofdstuk- of alinea-indeling tot zijn beschikking om de structuur te doorgronden. Op het gebied van inhoud en structuur moet de luisteraar het doen met wat de spreker aanbiedt, dus belangrijke informatie op het gebied van inhoud en structuur één keer noemen is niet voldoende. Een goede spreker biedt belangrijke informatie dan ook op verschillende manieren; hij biedt het dubbel aan. Het dubbel aanbieden van informatie heet redundantie.

Hoe breng je redundantie aan? Belangrijke uitspraken nog eens herhalen is de simpelste methode. Je kunt de informatie ook op een andere manier presenteren: de feitelijke inhoud blijft hetzelfde, maar je gebruikt een andere formulering: *'Met andere woorden...'* Ook voorbeelden geven is een vorm van redundantie. Je kunt zo een moeilijk theoretisch gedeelte van een andere kant belichten, zonder nieuwe informatie te geven. Ook door een samenvatting lever je geen nieuwe informatie, maar bied je belangrijke informatie nog eens extra aan.

Naast een redundante presentatie van de inhoud kun je ook de structuur van redundantie voorzien. De opbouw van een presentatie kan bijvoorbeeld zichtbaar zijn op een whiteboard of flapover, maar daarnaast verwijs je in de presentatie ook naar de structuur. Zo krijgt de luisteraar op verschillende manieren informatie over de opbouw. Ook structuurovergangen, inleiding en slot zijn momenten bij uitstek om (onderdelen van) de structuur nog eens extra te belichten en redundantie aan te brengen.

3.6 Structuur aanbrengen in een spreekschema

Bij een zorgvuldige voorbereiding van een presentatie hoort het maken van een spreekschema. In zo'n spreekschema noteer je met behulp van trefwoorden en symbolen het verloop, de structuur, van de voordracht. Vóór de presentatie kun je het spreekschema gebruiken als controlemiddel voor de opbouw en inhoud van je verhaal, tijdens de presentatie kun je het gebruiken als geheugensteun. We benadrukken nog eens dat je een spreekschema *moet* maken. We raden je af om de presentatie helemaal uit te schrijven en dan voor te lezen. Bezwaren hiertegen bespreken we in hoofdstuk 5. Je kunt wel kleine delen van je presentatie uitschrijven in je spreekschema, bijvoorbeeld een belangrijke definitie of een pakkende openingszin en de daarbij behorende fraaie uitsmijter!

We gaan in de volgende subparagrafen nader in op het maken van een spreekschema en de vorm ervan.

3.6.1 Een spreekschema maken

Een spreekschema maak je in drie stappen. In tabel 3.2 worden de stappen genoemd en ernaast wordt beschreven wat de stappen precies inhouden.

Tabel 3.2 **De inhoud van de drie stappen**

Stap 1

Stel de kerninhoud van je presentatie vast	Uitgangspunt voor het spreekschema is de interne structuur van de presentatie; de centrale vraag of de 'kern' van je verhaal. Vermeld de centrale vraag en puntsgewijs de verschillende hoofdpunten waaruit de beantwoording van deze vraag bestaat. Schrijf de hoofdpunten op in de volgorde waarin je ze wilt behandelen. Vervolgens werk je de hoofdpunten weer uit in subthema's. In feite maak je een soort inhoudsopgave van de presentatie. Je geeft aan wat je behandelt, in welke volgorde en wat de relatie tussen de verschillende onderdelen is. Als je de opbouw helder voor ogen hebt, is het ook makkelijker je publiek de logica van de opbouw duidelijk te maken.

↓　　　　　　　　　　↓

Stap 2

Voeg structuur-elementen toe: inleiding, slot en overgangspassages	Vervolgens voeg je aan deze 'inhoudsopgave' drie structurerende elementen toe. • Je noteert kort wat je in de inleiding gaat zeggen. • Je noteert met trefwoorden (of symbolen) hoe de overgangen tussen de (sub)thema's zijn (de onderlinge verbanden). • Je noteert kort wat je in het slot gaat zeggen. Je kunt het schema dat je nu hebt, goed gebruiken tijdens de voorbereiding van de presentatie: ga na of je van alle trefwoorden een goedlopend verhaal kunt maken en of er rare 'sprongen' in je verhaal zitten. Je hebt dan waarschijnlijk te grote denkstappen gemaakt. Vul de tussenstappen aan.

↓　　　　　　　　　　↓

Stap 3

Voeg noodzakelijke details toe	Ten slotte noteer je in het schema een aantal details letterlijk, zoals namen van personen of instanties, cijfers, formules, jaartallen, titel van gebruikte bronnen of citaten. Geef ook in het schema aan op welke momenten je (audio)visuele hulpmiddelen wilt gebruiken.

Op deze wijze bouw je het spreekschema op. Zorg ervoor dat het overzichtelijk en makkelijk te hanteren is; breng in elk geval grafisch onderscheid aan tussen hoofdpunten en daaraan ondergeschikte punten. Ook het gebruik van kleuren kan de duidelijkheid ten goede komen. Een voorbeeld van een beknopt spreekschema tref je hierna aan in figuur 3.5.

Figuur 3.5 **Voorbeeld spreekschema**

Spreekschema presentatie: Solliciteren via internet

Opening (direct sheet 1 tonen)

Bij dit plaatje als volgt beginnen:

1 Jullie hebben allemaal wel eens zo'n kung fu-achtige vechtfilm gezien, waarin de held wordt bedreigd door een soort super-tegenstander. Die tegenstander springt tevoorschijn, vertoont de meest onwaar-schijnlijke showbewegingen met zwaard, of stok en tracht de held te imponeren met dit vertoon van vechttechniek. De held pakt vervolgens doodleuk een pistool uit de achterzak en knalt meester-vechter neer. Aan deze scène moet ik vaak denken als ik mensen bezig zie met solliciteren: advertenties napluizen, research doen, moeilijke brieven schrijven. Dat alles, terwijl je ook kunt volstaan met het achterlaten van je cv op internet! Veel effectiever dan de traditionele brief (omhoog houden)! Dat is het onderwerp waarover ik het vandaag met jullie wil hebben: solliciteren via internet.

2 - Ik laat een traditionele sollicitatiebrief zien (omhoog houden).
   - Tekst: tot voor kort was dit de meest gebruikte manier om aan een baan te komen. In deze presentatie laat ik zien dat dat sinds de komst van internet veranderd is. Hopelijk weet je na deze presentatie hoe je effectief gebruik kunt maken van internet bij het solliciteren.

   (sheet 2)

   Uitdelen: handout met uitdraai Sheets !!!

Wat komt aan de orde?
   - Hoeveel wordt er gesolliciteerd via internet?
   - Hoe effectief is solliciteren via internet?
   - Op welke manieren vinden studenten in 2010 een baan?
   - Verschillen tussen solliciteren op internet en solliciteren op de traditionele manier
   - Hoe solliciteer ik via internet: tips!
   - Wat zijn voor- en nadelen van solliciteren via internet?

Sheet 3
cijfers geven aan dat er in Nederland een enorme toename is in solliciteren via internet (cijfers gevonden via artikel NRC handelsblad (1 maart 2006) en via de site: monsterboard.nl).

Sheet 4 en 5 laten zien

Sheet 6
In het artikel uit de NRC staan ook cijfers die aangeven welke middelen men tegenwoordig in Nederland gebruikt om een baan te vinden. Wat blijkt?
internet wordt het meest gebruikt! De traditionele brief is gepasseerd!
(brief nog even omhoog houden) !!!

Sheet 7
Voorbeeld van sollicitatieformulier laten zien (uitgeprinte versie)

Sheet 8
Het onderzoek werd gedaan door de Intelligence Group, een marktonderzoeksbureau in Rotterdam (bron: *NRC-Handelsblad*, 1 maart 2006).
Vreemd lijkt misschien dat dat solliciteren via internet wel langer duurt. Dit heeft vooral te maken met het feit dat sollicitanten slordig omspringen met sollicitaties via internet: ze surfen zich suf naar jobsites, droppen lukraak hun cv en verliezen overzicht en daarbij vergeten ze hun eigen sollicitaties op te volgen.
Veel personeelsmanagers worden overspoeld door sollicitaties waarmee ze niks kunnen. En meer dan de helft van de reacties op onlinevacatures voldoet niet aan de gepubliceerde taakomschrijving. Verder staan de teksten vaak vol met typefouten.
Gevolg: speciale 'screening software' die pakken cv's meteen wegfiltert.

Maar ook de werkgever gaat slordiger om met de sollicitaties via internet. Sollicitanten krijgen soms niet eens reactie . Vaak staat er ook geen uiterste reactiedatum, zodat je op internet ook 'vervuiling' krijgt van niet meer geldende vacatures.

| Sheet 9, 10, 11, 12 , 13, 14 ,15 |

| Sheet 16 |
Kung-Fu gevecht: pak solliciteren makkelijker aan!!
Daarnaast geeft de techniek ons prachtige mogelijkheden om sneller en effectiever te kunnen solliciteren. Ik hoop dat jullie deze mogelijkheden met veel plezier zullen gaan gebruiken! Succes!

Hoever je wilt gaan met de invulling van je spreekschema, ligt aan jezelf. Als je heel goed in je onderwerp zit, is het wellicht minder noodzakelijk om je spreekschema heel uitgebreid in te vullen. Maar bedenk wel dat spreken voor een groep altijd 'anders' (meestal enger) is dan je van tevoren denkt. Aan een uitgebreid spreekschema kun je dan veel steun hebben!

3.6.2 Vorm van het spreekschema

Er zijn verschillende vormen die je kunt kiezen voor je spreekschema. We bespreken ze hierna in vogelvlucht.

Handgeschreven of getypt op één of twee A4'tjes
Als je wilt volstaan met één of twee A4'tjes, zorg er dan voor dat je spreekschema duidelijk leesbaar en overzichtelijk is. Het is heel vervelend als je voor een groep staat en je eigen krabbels niet kunt lezen. Schrijf duidelijk, houd veel witregels aan of typ het schema uit (en denk daarbij ook aan de witregels). Zie figuur 3.5.

Handgeschreven of getypt op losse kaartjes
Het bezwaar van een spreekschema op A4-formaat kan zijn dat je niet in één oogopslag kunt zien waar je gebleven bent. Bovendien bestaat het bezwaar dat je het oogcontact met je publiek verliest als je nog uitgebreid je blaadjes moet raadplegen. Om dit bezwaar te ondervangen, kun je er ook voor kiezen elk deelonderwerp op een apart kaartje te schrijven of te typen. Je kunt zo vrij onopvallend, met een korte blik in je handpalm, je spreekschema raadplegen. Als je het betreffende punt besproken hebt, leg je het kaartje onderop. Zo zie je steeds waar je bent gebleven in je verhaal.

Alle PowerPointsheets/-slides met bijbehorende notitiepagina (1 slide + notities per pagina)

Als je werkt met notitiepagina's uit PowerPoint (dat is de schrijfruimte voor eigen aantekeningen onder iedere slide), dan zul je bij het uitprinten elke sheet op een aparte pagina krijgen. Een voordeel hiervan is dat je zo makkelijk kunt zien waar je gebleven bent. Een nadeel hiervan is dat je wellicht een heel stapeltje blaadjes in je hand heb. Ook heb je op deze manier wellicht minder overzicht over de structuur van het hele verhaal, maar die zit na een paar keer oefenen meestal goed in je hoofd. Bovendien kun je de structuur nog altijd even bekijken op de flap/hand-out die je aan je publiek laat zien/geeft. Figuur 3.6 is een voorbeeld van een notitiepagina uit PowerPoint.

Handgeschreven of getypt op één of twee A4'tjes in combinatie met uitdraai van alle slides als hand-out

Als je alle slides in PowerPoint hebt gemaakt, kun je ze als hand-out (bijvoorbeeld drie per pagina) uitprinten. Daarmee heb je in ieder geval overzicht over alle sheets. Je kunt bij deze print je opmerkingen schrijven. Daarnaast kun je een spreekschema opstellen, handgeschreven of getypt. Hierop is dan met trefwoorden aangegeven wat je bij de verschillende sheets wilt vertellen. Het kan wat rommelig zijn, omdat je met twee overzichten werkt die je steeds moet combineren. Je kunt desgewenst het overzicht van je PowerPointslides voor je neerleggen: zo houd je toch overzicht. Een voorbeeld van een geprinte hand-out zie je in figuur 3.7.

Hoe te solliciteren via internet?

Overzicht en tips

PowerPointslide (sheet 2)

2.
- Ik laat een traditionele sollicitatiebrief zien (omhoog houden).

- Tekst: tot voor kort was dit de meest gebruikte manier om aan een baan te komen. In deze presentatie laat ik zien dat dat sinds de komst van internet veranderd is. Hopelijk weet je na deze presentatie hoe je effectief gebruik kunt maken van internet bij het solliciteren. (sheet 2)

Uitdelen: hand-out met uitdraai Sheets

Wat komt aan de orde?
- Hoeveel wordt er gesolliciteerd via internet?
- Hoe effectief is solliciteren via internet?
- Op welke manieren vinden mensen in 2010 een baan?
- Verschillen tussen solliciteren op internet en solliciteren op de traditionele manier
- Hoe solliciteer ik via internet: tips!
- Wat zijn voor en nadelen van solliciteren via internet?

Invulling notitiepagina bij deze slide

Figuur 3.7 **Voorbeeld van een geprinte hand-out**

Sheet 1

Verschillen solliciteren via internet en traditioneel

Internet	Traditioneel
Grotere controle op aanbod vacatures	Minder controle op aanbod vacatures
Veel informatie over specifieke bedrijven	Lastiger om informatie over specifieke bedrijven te krijgen
Sneller solliciteren via sollicitatieformulier	Solliciteren via brief en cv
Je kunt makkelijk je cv plaatsen bij specifieke bedrijven en op carrièresites	Het is niet gebruikelijk om alleen een cv op te sturen, altijd met brief

Sheet 2

Solliciteren via internet, hoe?

1 Bedenk wat voor functie je zoekt.
2 Oriënteer je op verschillende werkgevers.
3 Maak regelmatig top-3 van interessante vacatures.
4 Solliciteer niet op alles!

Sheet 3

CV op internet

Plaats een goed cv op een (carrière)site.
Geef duidelijk aan:
- wat je kunt;
- wat je wilt;
- interesse in welk soort bedrijf;
- gewenste salaris.

Voordeel: je kunt je cv steeds aanpassen!!

3.7   Valkuilen

De punten die in dit hoofdstuk zijn genoemd, zullen vaak al wel voldoende duidelijk hebben gemaakt wat je *niet* moet doen, wil je met een goed gestructureerd verhaal voor de dag komen. Mogelijke andere valkuilen in de structuur van een presentatie kunnen zijn:
1 alles in de inleiding al verklappen;
2 bij een persuasieve presentatie direct vertellen wat je doel is;
3 bij een simpele structuur toch een heel nadrukkelijke structuuraanduiding geven.

Alles in de inleiding al verklappen
Soms geeft een spreker in de inleiding té precies aan wat de luisteraar kan verwachten: eigenlijk is het hele verhaal al in de inleiding behandeld. De kern boet daardoor veel in kracht en waarde in; het is eigenlijk alleen nog maar een toelichting op de inleiding. Je hebt dan echt te veel verteld. Probeer een gulden middenweg te vinden waarin de luisteraar voldoende duidelijk wordt wat hij van de presentatie kan verwachten, zonder daarbij onmiddellijk het achterste van je tong te laten zien. Vertel in ieder geval wat de centrale vraag is en via welke stappen je deze zult gaan beantwoorden, en *neem daar de tijd voor*!

Bij een persuasieve presentatie direct vertellen wat je doel is
Als je een publiek van iets wilt overtuigen, wees dan juist voorzichtig met het vooraf aankondigen van het doel ('Ik wil dat u straks allemaal gebruik gaat maken van biologisch afbreekbare schoonmaakmiddelen'). Een luisteraar laat zich nu eenmaal niet graag de wet voorschrijven en zal, zeker als je het doel van de presentatie uitdrukkelijk vermeldt, een zeer kritische houding aannemen. Maar in sommige persuasieve presentaties kan het toch heel effectief zijn om direct de aanval te openen door wel te beginnen met het vermelden van het doel ('Als u mijn verhaal hebt aangehoord, eet u nooit meer frikandellen!'). Het resultaat van zo'n frontale aanval is voor een groot deel afhankelijk van de samenstelling en instelling van je publiek. Denk er van tevoren over na wat de beste benadering is.

Bij een simpele structuur toch een heel nadrukkelijke structuuraanduiding geven
Als de structuur van de presentatie erg eenvoudig is en je in de presentatie bepaalde verrassingen hebt gepland, is het niet raadzaam de structuur al meteen in de inleiding te onthullen: het verrassingseffect gaat dan verloren. Als je de opbouw vooraf niet wilt prijsgeven, dan moet je de luisteraar achteraf wel houvast verschaffen. Telkens als je een onderdeel hebt afgerond, vermeld je de essentie ervan in een paar trefwoorden op het whiteboard. Je kunt gedeelten van een sheet ook pas achteraf tonen.

Samenvatting

In dit hoofdstuk hebben we laten zien hoe je de centrale vraag van je presentatie uitwerkt tot een presentatie met een duidelijke en goede structuur. Houd daarbij altijd goed in de gaten dat de presentatie voor het publiek heel duidelijk en aantrekkelijk moet zijn. Dus zowel wat betreft inhoud als wat betreft structuur moet je het je publiek makkelijk maken.

De volgende checklist is een handig hulpmiddel bij het aanbrengen van structuur in je presentatie.

Checklist voor de structuur van de presentatie

Inleiding *(zie paragraaf 3.1)*	Ja	Nee
1 Inleiding van de presentatie		
1a De inleiding motiveert **én** informeert je publiek	○	○

Kern *(zie paragraaf 3.2)*	Ja	Nee
2 Kern van de presentatie		
2a De kern is duidelijk herkenbaar geordend	○	○

Slot *(zie paragraaf 3.3)*	Ja	Nee
3 Slot van de presentatie		
3a Het slot van de presentatie is duidelijk	○	○
3b Het slot bevat een uitsmijter	○	○
3c Inleiding en slot zijn op elkaar afgestemd	○	○

Structuur *(zie paragraaf 3.4, 3.5 en 3.6)*	Ja	Nee
4 Structuur van de presentatie		
4a De verschillende onderdelen van de presentatie zijn met elkaar verbonden door middel van structuurovergangen	○	○
4b De presentatie bevat een duidelijke uiterlijke structuur	○	○
4c De structuur is uitgewerkt in een duidelijk spreekschema	○	○

Ondersteuning bij de presentatie

4

In het vorige hoofdstuk heb je kunnen lezen hoe je je presentatie een goede structuur geeft. Dat is de basis voor je presentatie. Het verhaal dat je vertelt, is daarbij natuurlijk het uitgangspunt. Om je verhaal te ondersteunen, kun je gebruikmaken van hulpmiddelen, die we in dit hoofdstuk bespreken. Het is een goede gewoonte om een mondelinge presentatie (audio)visueel te ondersteunen met bijvoorbeeld tekeningen, schema's, tabellen, kaarten, foto's of dia's, geluid en geschreven of gedrukte stukken tekst. Een van de mogelijkheden om een presentatie te ondersteunen, is het gebruik van PowerPoint, Keynote of een ander presentatieprogramma. Rechtstreeks je presentatie op het internet zetten en laten zien via een beamer, is ook een optie.

Tekst, beeld en geluid kunnen op die manier uitstekend gecombineerd worden en je presentatie verlevendigen. Natuurlijk kun je ook gebruikmaken van overheadsheets, video en andere middelen om je presentatie aantrekkelijker te maken. De audiovisuele hulpmiddelen ondersteunen je boodschap. Daarnaast zijn er ook veel andere hulpmiddelen om de zintuigen te prikkelen. Het gaat dan niet alleen om luisteren en zien, maar ook om ruiken, proeven en aanraken.

In dit hoofdstuk bespreken we de diverse hulpmiddelen bij een presentatie (zie figuur 4.1). Je kunt zelf de afweging maken welk hulpmiddel past bij jou en je presentatie. We geven tips voor het gebruik van die middelen. Verder staan er aandachtspunten per hulpmiddel opgenomen in de checklist aan het eind van dit hoofdstuk. Deze checklist heeft betrekking op de praktische uitvoering van een presentatie.

4.1 Hulpmiddelen bij presentaties

De hulpmiddelen bij zakelijke presentaties zijn volledig ingeburgerd. Het lijkt wel alsof het houden van een presentatie zonder PowerPoint te gebruiken niet meer mogelijk is. Wij raden je aan om spaarzaam om te gaan met PowerPoint tijdens een presentatie. Een oprechte presentator die een authentiek verhaal vertelt, maakt veel meer indruk dan iemand die een grote hoeveelheid slides afwerkt in korte tijd. Gebruik PowerPoint alleen als je zeker weet dat daardoor je presentatie aan kracht toeneemt. Doordat iedereen gebruikmaakt van PowerPoint lijken de andere hulpmiddelen niet meer te bestaan. In dit hoofdstuk willen we juist laten zien dat je met een presentatie veel meer mogelijkheden hebt dan PowerPoint alleen om je presentatie te verlevendigen.

Als je hulpmiddelen gebruikt, is het belangrijk dat de hulpmiddelen op een duidelijke manier geïntegreerd zijn in je presentatie. Geef het publiek ook de gelegenheid om ze tot zich te nemen. Ze staan in dienst van de presentatie en niet omgekeerd.

In het algemeen zijn hulpmiddelen geschikt voor de volgende categorieën:
1 informatie over de structuur van je presentatie: hoofdthema's, samenvattingen en conclusies;
2 vaktermen, nieuwe en moeilijke begrippen en gehanteerde definities;
3 getallen, berekeningen en formules;
4 tabellen en grafieken;
5 afbeeldingen en geluiden;
6 illustratie met een voorwerp;
7 actieve inzet van het publiek.

Let er bij berekeningen, tabellen en grafieken wel op dat het in een paar seconden duidelijk is waar het om gaat en dat je ze op een aantrekkelijke manier presenteert voor je publiek. Staafdiagrammen bijvoorbeeld zijn zeer geschikt, want die geven in één oogopslag de gewenste informatie.

Met visuele ondersteuning kun je de *structuur van je presentatie* uitstekend aanduiden. Het is prettig voor het publiek als je de structuur van je presentatie op bord/flipover zet, dan blijft die altijd zichtbaar tijdens de presentatie. Het is ook mogelijk bij je PowerPointpresentatie gebruik te maken van een structuurkolom, vergelijkbaar met de linkerkolom op een website. Daar neem je dan de hoofdthema's en hoofdvragen in op. Die structuurkolom laat je dan op elke dia terugkomen. In de gesproken tekst geef je ook de structuur aan. De combinatie van de structuur sprekend aanduiden en op schrift laten zien, sorteert het meeste effect. Bovendien heb je daar zelf ook voordeel van: je kunt een bord/flipover gebruiken als spiekbriefje. Ook om detailinformatie te presenteren, zijn audiovisuele hulpmiddelen uiterst geschikt. Het heeft weinig effect als sprekers zomaar een reeks cijfers opsommen: de luisteraars zijn het eerste getal vaak al vergeten, voordat de sprekers hun opsomming hebben kunnen afmaken.

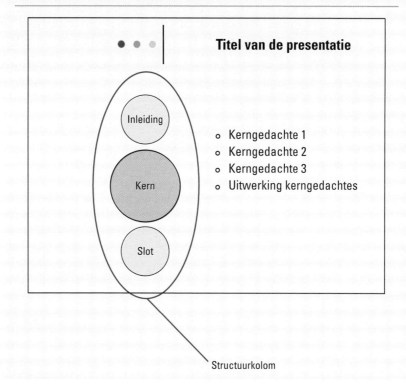

Kortom: je plaatst de structuur van de presentatie op een whiteboard, een flipover of in een structuurkolom, zodat die gedurende je presentatie zichtbaar blijft. De andere hulpmiddelen kun je dan gebruiken voor detailinformatie.

Een grafiek leent zich goed om *getallen* visueel te presenteren. Het publiek heeft dan even de tijd om de details in zich op te nemen. Hij of zij onthoudt de informatie dan veel beter. Ook *begrippen, definities en vaktermen* die regelmatig terugkeren in je presentatie, kun je visualiseren. De doelgroep is erbij gebaat en je hoeft zelf niet steeds in herhaling te vervallen. Andere gegevens die je verhaal ondersteunen als schema's, samenvattingen en conclusies kun je op een eenvoudige en heldere manier duidelijk maken aan de lezer op een overheadsheet of dia in PowerPoint. Het publiek heeft dan ook in één keer de kern van je betoog te pakken.

Naast visuele hulpmiddelen zijn audiovisuele hulpmiddelen ook steeds meer in zwang. De presentatie wint hierdoor aan aantrekkelijkheid. Toehoorders die even zijn afgehaakt, betrek je weer bij het verhaal door iets te laten zien en te laten horen. Het verhoogt de betrokkenheid. Je brengt door audiovisuele ondersteuning accenten aan waardoor de belangstelling weer opleeft. Ook gun je de luisteraars even rust: audiovisuele ondersteuning is een vorm van redundantie. Je biedt de informatie namelijk op twee verschillende manieren aan. Er worden meer zintuigen aangesproken, het publiek krijgt daardoor meer informatie en onthoudt daardoor beter wat je hebt gezegd.

Hiervoor staan toepassingen genoemd voor het ondersteunen van je presentatie. Inmiddels is PowerPoint vanzelfsprekend geworden bij een presentatie. De kans dat je publiek daarvan al overvoerd raakt of is, is groot. Blijf daarom altijd kritisch op het gebruik ervan. Je verhaal staat in de presentatie centraal. De vraag is of de PowerPoint echt iets toevoegt. Ook filmpjes van YouTube of andere internetbronnen zijn goed te gebruiken om je presentatie te verlevendigen. Maar ook een voorwerp laten zien of een A4'tje met belangrijke punten uitdelen, kan heel effectief zijn als hulpmiddel bij een presentatie.

Als je filmpjes van YouTube gebruikt in je presentatie, kijk dan heel kritisch naar de bijdrage die het filmpje levert aan je verhaal en houd het zo kort mogelijk. Het gaat om ondersteuning van de inhoud van de presentatie. Waak er vooral voor dat het filmpje niet het enige leuke onderdeel is van je presentatie. En zorg ervoor dat wat jij zelf vertelt ook zinvol is. Het publiek vindt het altijd leuk om geamuseerd te worden, maar je hebt als presentator ook de opdracht om zelf een interessant, liefst authentiek verhaal te vertellen.

4.2 Nut en noodzaak van hulpmiddelen

Je kunt je presentatie op verschillende manieren audiovisueel ondersteunen. We bespreken in deze paragraaf een aantal veelgebruikte middelen. Het gaat daarbij de toepassingsmogelijkheden in de praktijk.
Blijf altijd kritisch bij het gebruik van audiovisuele ondersteuning. En bedenk ook andere manieren om de zintuigen te prikkelen. Je kunt dan bijvoorbeeld denken aan laten

proeven of ruiken, maar ook samen met je publiek een oefening doen is vaak heel ondersteunend aan een presentatie. We komen hierop terug in de volgende subparagrafen.

4.2.1 PowerPoint

Wie gebruikt PowerPoint niet? Bijna alle professionele presentaties worden tegenwoordig ondersteund door PowerPoint. Hoewel je met behulp van internet en een beamer ook eenvoudig een presentatie kunt houden, heeft PowerPoint toch meer terrein veroverd in presentatieland. Maar een geloofwaardige presentatie is niet afhankelijk van het gebruik van PowerPoint. Sterker nog: het is in sommige gevallen juist aan te raden om PowerPoint *niet* te gebruiken (zie tabel 4.1). Je komt vaak veel steviger over als je een interessant verhaal vertelt dat zinvol en ook authentiek is en waarbij je misschien een paar PowerPointslides laat zien in plaats van jezelf te verschuilen achter een grote hoeveelheid slides.

Tabel 4.1 **Alleen of geen PowerPoint**

Gebruik alleen PowerPoint voor:	Gebruik geen PowerPoint voor:
• Overzicht van de structuur van de presentatie • Technische gegevens • Grafieken, tabellen, diagrammen (mits leesbaar, anders niet) • Verhelderen van ingewikkelde gegevens	• Het structureren van de totale hoeveelheid informatie die je wilt overdragen • Het verwerken van grote hoeveelheden tekst • Onleesbare informatie • Informatie die weinig toevoegt aan de inhoud van je presentatie

Om je te onderscheiden zul je dus meer moeten doen dan de informatie die je van belang acht voor je presentatie in PowerPoint te zetten. Als je dat lukt, dan zal het publiek zich serieus genomen voelen, en dat zal zeker bijdragen aan het effect van je presentatie. In deze subparagraaf gaan we specifiek in op PowerPoint en in de volgende komt het gebruik van filmpjes van internet als hulpmiddel aan de orde.

Met PowerPoint maak je op een eenvoudige manier overzichtelijke dia's. Je moet over een computer beschikken met een Microsoft Officepakket en rekening houden met de verschillende versies die er in omloop zijn. Sla je werk voor de zekerheid altijd ook in een voorgaande versie op. Het doel van een presentatie geven, is dat je het publiek informeert, vermaakt of overtuigt. PowerPoint kan je daarbij ondersteunen, maar jij bent als presentator veel interessanter dan de slides. Daar moet je natuurlijk wel wat voor doen. Je presentatie moet aantrekkelijk, weloverwogen en goed gestructureerd zijn. En jij als presentator moet ook het nodige doen om te beantwoorden aan de behoeften van het publiek. Denk bijvoorbeeld eens aan het prikkelen van andere zintuigen dan alleen zien en horen. De meeste mensen vinden het erg vermoeiend om te zitten luisteren en kijken naar beelden. In onze huidige beeldcultuur kun je bijna niet meer volstaan met beeld en geluid. Iets proeven of ruiken of een oefening doen is vaak veel effectiever dan dertig PowerPointslides de revue laten passeren. Het volgende voorbeeld vertelt hoe je andere zintuigen kunt prikkelen (voorbeeld 4.1).

Voorbeeld 4.1

Een spreker hield een lange presentatie. Om het publiek niet in slaap te laten sukkelen, deed hij het volgende. De spreker gebruikte PowerPoint en om de acht dia's klonk er een oppeppend muziekje en werd het publiek gevraagd te gaan staan, handen en voeten even te bewegen en je buurman/vrouw een hand te geven. Aanvankelijk reageerde het publiek schuchter en verlegen, maar dat het werkte bleek wel uit het overweldigende applaus aan het eind van de presentatie!

De dia's die je in PowerPoint maakt, zijn onder andere geschikt om:
• te laten zien tijdens je presentatie;
• uit te printen als hand-out voor jezelf en voor je publiek (maximaal zes per pagina);
• te gebruiken in plaats van een uitvoerig beleidsdocument;

- uit te printen als notitiepagina die je zelf kunt gebruiken voor aantekeningen tijdens je presentatie en die je ook als notitiepagina kunt uitdelen aan je publiek;
- op te slaan als presentatie op schijf;
- uit te wisselen met anderen (bijvoorbeeld voor commentaar of aanvulling);
- weer te geven op inter- of intranet.

Een PowerPointpresentatie kan onder andere het volgende bevatten:
- tekstschema's;
- plaatjes (van cd-rom, scanner of internet);
- grafieken, diagrammen en dergelijke;
- animatie-effecten, geluiden en videobeelden.

De slides geef je zelf vorm en PowerPoint werkt ze op een consistente manier uit. De huisstijl of het logo van een bedrijf komt dan bijvoorbeeld terug op alle dia's van de presentatie. En zo zijn er nog heel veel andere mogelijkheden.

PowerPoint maakt onderdeel uit van het Microsoft Officepakket en dat betekent dat het programma gecombineerd kan worden met andere Officetoepassingen in een presentatie. Een grafiek die uitgewerkt is in Excel kan makkelijk gebruikt worden in de PowerPointpresentatie. Ook internetsites kun je eenvoudig integreren in je PowerPointpresentatie, als de computer een internetverbinding heeft.

PowerPoint is een eenvoudig te bedienen presentatieprogramma. Het werkt menugestuurd, net als Microsoft Word en het is snel aan te leren. Er zijn ook andere presentatieprogramma's, bijvoorbeeld Corel Presentations of Keynote, maar die worden minder vaak gebruikt, omdat ze geen deel uit maken van het Microsoft Officepakket.

Tips voor het gebruik
We geven de volgende tips voor het gebruik van PowerPoint.
- Laat je niet blind leiden door de vaste structuur van PowerPoint.
- Zorg ervoor dat je de presentatie goed opslaat.
- Geef je publiek altijd een handout van je presentatie (ervoor of erna).
- Houd het aantal slides zo beperkt mogelijk; richtlijn: zes slides per presentatie (past ook op één A4'tje).
- Houd altijd rekening met de beschikbaarheid van functionerende apparatuur.
- Geef nooit een letterlijke opsomming van slides.

PowerPoint heeft weliswaar veel mogelijkheden, maar het gebruik ervan garandeert nog geen geslaagde presentatie. Enkele jaren geleden publiceerde het tijdschrift *Onze Taal* een top 5 van PowerPointergernissen. Wij hebben er nog vijf aan toegevoegd, zoals je kunt zien in tabel 4.2. Als je zeker wilt weten dat je PowerPointpresentatie *niet* zal aanslaan, pas dan het volgende veelvuldig toe.

Tabel 4.2 Top 10 van ergernissen bij PowerPointpresentaties

1 Afleidende animatie-effecten
2 Onleesbare kleurencombinaties
3 Storende geluidseffecten
4 De PowerPointpresentatie staat centraal in plaats van de presentator zelf
5 Alleen oogcontact met het computerscherm
6 Slechte voorbereiding
7 Paniek bij de presentator als de techniek hem in de steek laat
8 Geen hand-outs of sheets
9 Het licht gaat uit tijdens de presentatie, aantekeningen maken is dan onmogelijk
10 De presentator wijst niets aan

Bron: *Onze Taal* (2001), nr. 12

4.2.2 Internet/filmpjes

Je kunt internet ook gebruiken voor het maken van een presentatie. Het voordeel is dat je net als bij PowerPoint kunt putten uit het hele world wide web voor informatie. Bewegende beelden en andere animaties die al op internet gemaakt zijn, integreer je dan in je eigen presentatie. Je kunt via hyperlinks informatie op verschillende niveaus opslaan en deze informatie ook weer aanklikken tijdens je presentatie. Daarnaast heb je natuurlijk de mogelijkheid om extern links te gebruiken en kun je diverse andere sites laten zien tijdens je presentatie.

In het Microsoft Officepakket is bij de huidige versies de omzetting in HTML geïntegreerd. HTML is een taal die gebruikt wordt op het internet. Je kunt dus via dat pakket webteksten maken en bijvoorbeeld filmpjes toevoegen.

Teksten en filmpjes en nog veel meer mogelijkheden zijn er om via het internet je presentatie te ondersteunen. Je kunt zelf experimenten doen met je publiek, je kunt fragmenten van speelfilms laten zien, muziek laten horen enzovoort. Sinds het mogelijk is om op YouTube of andere sites filmpjes te downloaden en te laten zien, is het aantal filmpjes in presentaties ook evenredig toegenomen. Het integreren van filmpjes is een uitstekende manier om je presentatie te verlevendigen. Daarbij geldt natuurlijk dat het filmpje echt iets moet toevoegen aan de inhoud van de presentatie en niet het enige aantrekkelijke of interessante item moet zijn. Jij bent als presentator aan het presenteren en het filmpje is daarbij een hulpmiddel. Ook hierbij moet worden opgemerkt dat het niet meer origineel is om een filmpje te laten zien tijdens een presentatie. Je kunt jezelf onderscheiden door echt goed na te denken over de afstemming van het gekozen filmpje op het publiek. Want voor het publiek is het natuurlijk zo: iets wat aanspreekt, blijft je veel langer bij. Ook webteksten kunnen de presentatie ondersteunen. Ze zijn makkelijk op te slaan, direct toegankelijk, te printen en aan te passen. De flexibiliteit van deze manier om je presentatie vorm te geven, is groot.

Naast filmpjes van YouTube kun je ook filmpjes van video's en dvd's gebruiken om je presentatie te verlevendigen. Nog niet altijd en overal heb je toegang tot internet. In een schoolomgeving is dat vaak geen probleem, maar dat geldt niet voor alle bedrijven in Nederland. Je kunt dan wellicht een dvd of video gebruiken.

Tips voor het gebruik
We geven de volgende tips voor het gebruik van internet/filmpjes:
- Zorg dat je de apparatuur kent, voordat je eraan begint.
- Zorg voor de juiste dosering.
- Gebruik het op een professionele manier.
- Zorg dat het je presentatie ondersteunt en niet beheerst.

4.2.3 Een voorwerp laten zien of iets laten proeven

Tegenwoordig kun je op heel veel verschillende manier je presentatie technisch ondersteunen. We hebben in de vorige subparagrafen natuurlijk PowerPoint en YouTube genoemd. Door het bijna oneindige scala aan mogelijkheden vergeten we soms de meest voor de hand liggende ondersteuning te gebruiken: een voorwerp laten zien. Als je als kind een spreekbeurt houdt op de basisschool dan neem je, als het even kan, je konijn mee naar school. Simpelweg een voorwerp laten zien is een leuke manier om je presentatie te verlevendigen.

De zakelijke presentaties die bijblijven, zijn over het algemeen niet de PowerPointpresentaties met zo veel mogelijk toeters en bellen, maar juist die waarbij bijvoorbeeld het heffen van een Engels bierglas onder vermelding van Cheers! de presentatie over een Engelstalige opleiding afsluit. Of een productpresentatie van een nieuwe kaas waarbij het publiek ook een blokje kan proeven, terwijl ondertussen de kenmerken genoemd worden. Het publiek heeft behoefte aan prikkeling van de zintuigen. Alleen luisteren en kijken is vaak erg vermoeiend.

Functionaliteit moet daarbij wel hoog in het vaandel staan en ook hiervoor moet worden gezegd dat een overdosis niet goed werkt. Je kunt beter een lekker blokje kaas proeven tijdens een presentatie dan overvoerd worden met het hele assortiment van de kaasboer. Het blijft natuurlijk een zakelijke presentatie dus het publiek moet niet het gevoel krijgen dat het zich op een huishoudbeurs bevindt.

En wat net zo belangrijk is, is dat je zelf als presentator iets hebt met het voorwerp dat je laat zien of het hapje dat je laat proeven. Persoonlijk en oprecht enthousiasme van de presentator prikkelt de ontvankelijkheid van het publiek en als dan tegelijkertijd ook de zintuigen op een andere manier geprikkeld worden, verhoogt dat de kans op succes van je presentatie.

Tips voor het gebruik
We geven de volgende tips voor het gebruik van voorwerpen en het laten proeven.
- Zorg ervoor dat de link tussen voorwerp en presentatie onmiskenbaar duidelijk is voor het publiek.
- Zorg ervoor dat het voorwerp goed te vervoeren is en handzaam is tijdens de presentatie.
- Zorg ervoor dat het voorwerp voor iedereen goed zichtbaar is.
- Als je iets laat proeven, houd er dan rekening mee dat het kan bederven.
- Geloof er zelf volledig in.

4.2.4 Actieve inzet van het publiek

Interactiviteit is een van de sleutelwoorden voor contact met het publiek. Je kunt op veel manieren goed contact maken en houden met je publiek tijdens een presentatie. Een filmpje laten zien van YouTube is vaak een leuke manier, maar het publiek een opdracht geven behoort ook tot de mogelijkheden. We geven je een aantal mogelijkheden die je kunt gebruiken tijdens je presentatie. Deze opsomming is natuurlijk niet uitputtend en je presentatie krijgt ongetwijfeld meer waardering als de interactie met je publiek echt optimaal is. Al deze mogelijkheden zijn bedoeld om uit te voeren tijdens je presentatie en worden beschouwd als hulpmiddel om je presentatie te verlevendigen. Als je daarbij een competitie-element toevoegt, dan is succes verzekerd. Een simpele zak drop als beloning in het vooruitzicht stellen doet vaak meer dan duizend woorden.

Mogelijkheden om je publiek erbij te betrekken.
- Laat het publiek stemmen, dit kan ook via sms-jes tijdens je presentatie, of via stemkastjes.
- Stel vragen aan het publiek.
- Geef het publiek tijdens je presentatie een korte opdracht.
- Doe een fysieke oefening met het publiek.
- Haal één of meer mensen uit het publiek naar voren en laat die een test doen.

Laat het publiek stemmen
Op verschillende manieren kun je het publiek interactief betrekken bij je presentatie door een stemming. Als je zin hebt, kun je twee of meer verschillende presentaties voorbereiden en aan het begin van de presentatie je publiek de keuze geven tussen de presentaties die je hebt voorbereid. Het voordeel is dan dat je het publiek vanaf het begin van je verhaal betrekt bij de inhoud waardoor je zeker weet dat het verhaal echt afgestemd is op de behoefte van het publiek. Als je vindt dat dit je te veel voorbereidingstijd kost, kun je overwegen om het publiek de keuze te geven voor een kleiner onderdeel van je presentatie.
Het kan ook zijn dat er over jouw onderwerp uitgesproken standpunten bestaan. Je kunt dan een aantal stellingen over je onderwerp formuleren en het publiek laten stemmen. Een aantal groene velletjes voor de ja-stemmers en een aantal rode voor de nee-stemmers zijn daarbij een handig hulpmiddel. Laat een stemming niet in de lucht hangen. Doe er wel wat mee tijdens je presentatie, want anders heeft het publiek het gevoel dat het allemaal voor niets is geweest en dan werkt het hulpmiddel tegen je. In sommige grote (college)zalen bestaat de technische mogelijkheid om te stemmen met stemkastjes. Je krijgt de uitslag van de stemming dan ook heel snel op het scherm te zien. Dit is een prachtige toepassing, die wel technische ondersteuning van een audiovisuele dienst vraagt.

Stel vragen aan het publiek
De meest veilige manier van vragen stellen, is de retorische vraag opnemen in je presentatie. Dat is een vraag waarop geen antwoord gegeven hoeft te worden, het antwoord zit immers al in de vraag besloten (bijvoorbeeld: *Wie is er nu tegen een schoner milieu?*). In de jaren zeventig

van de vorige eeuw gebeurde het op sociale academies ook nogal eens dat de docent aan het begin van de les vroeg of er vragen waren en dat de inhoud van de les bepaald werd door de vragen van studenten. Als je je presentatie volledig laat bepalen door de vragen die gesteld worden, is dat wel een erg riskante vorm van interactie met het publiek. Je kunt dat eigenlijk alleen doen als je zeker weet dat er een groot aantal vragen gesteld wordt en als je heel zeker bent van je onderwerp!

Hiervoor zijn de twee uitersten gegeven als het gaat om vragen stellen aan je publiek. Je kunt voor jezelf bepalen waar jij zit. Vind je het prettig om controle te houden tijdens de presentatie, maak dat dan duidelijk aan je publiek en geef aan wanneer je wilt dat ze een vraag stellen. Vind je het prettig om direct in te spelen op de reacties van je publiek, dan geef je aan dat het niet erg is om onderbroken te worden.
Als je twijfelt of je antwoord krijgt op je vraag die jij als presentator aan het publiek stelt, kun je dat regisseren door iemand uit het publiek van tevoren te benaderen. Dat kan gekunsteld overkomen, maar een stilte tijdens een presentatie na het stellen van een vraag gevolgd door wat gestuntel van de vragensteller is ook niet altijd aantrekkelijk. Wat altijd het beste werkt, is om iemand te nemen van wie je weet dat hij/zij graag in het openbaar praat.

Geef het publiek tijdens je presentatie een korte opdracht
Een korte opdracht kan zijn het oplossen van een sommetje. Je kunt dan als presentator het antwoord geven nadat je de gelegenheid hebt gegeven de opdracht op te lossen. Je kunt ook denken aan een opdracht waarbij het publiek tijdens de hele presentatie kan nadenken over het antwoord. Of een opdracht waarbij het antwoord tijdens de presentatie onthuld wordt. In alle gevallen kun je aan de hand van de opdracht het publiek letterlijk aanspreken. Wees erop bedacht dat de mensen eerst even zullen schrikken als ze aangesproken worden. Het publiek verwacht misschien niet dat er iets van hen verwacht wordt en vindt het vaak eng. Soms weigeren mensen om iets te zeggen. Wees daarop bedacht en zorg dat je dan een alternatief voorhanden hebt. Anders ben jij degene die met een mond vol tanden staat en dat is natuurlijk niet de bedoeling. Overigens, al reageert men wel eens wat huiverig, het publiek waardeert het vaak wel als het op een actieve manier geprikkeld wordt tijdens een presentatie. En je geeft ook iets mee. De mensen kunnen het opdrachtje vaak makkelijk onthouden en familie en vrienden er later deelgenoot van maken.

Doe een fysieke oefening met het publiek
Om een fysieke oefening te doen met je publiek, moet je wel lef hebben. Het is zeker niet vanzelfsprekend om als publiek te bewegen tijdens een presentatie. Veel mensen onthouden juist beter als ze niet alleen hun hoofd, maar ook hun lichaam kunnen gebruiken. Dus als je wilt dat je boodschap beklijft bij je publiek, is een fysieke oefening een heel goed hulpmiddel.
Er zijn heel veel mogelijkheden op dat gebied. Hierna geven we er een aantal. Deze lijst is zeker niet uitputtend. Je kunt kiezen voor:
· ademhalingsoefeningen;
· je naaste buurman/buurvrouw een hand geven en je voorstellen;
· het publiek moet in een volgorde gaan staan: van klein naar groot, van jong naar oud;

- in tweetallen handje drukken;
- in tweetallen elkaar omver duwen;
- bewegingen nadoen van de presentator;
- danspassen leren.

Het grote voordeel van een fysieke oefening is dat het je publiek altijd aanspreekt. Je moet er natuurlijk zelf wel helemaal achter staan, anders heeft het geen zin. En wees heel duidelijk in het bepalen van de plaats en de duur van de oefening tijdens de presentatie. Het gaat natuurlijk net als bij alle andere hulpmiddelen om de informatieoverdracht, en ook deze oefening is niet vervangend voor de presentatie, maar bedoeld als ondersteuning. Regisseer het dus goed en bepaal van tevoren de hoeveelheid tijd die je eraan besteedt. Reken erop dat zo'n oefening met een aantal mensen altijd meer tijd kost dan je denkt, omdat iedereen ook behoefte heeft om erop te reageren.

Haal één of meer mensen uit het publiek naar voren en laat die een test doen
Je houdt bijvoorbeeld een productpresentatie voor een colamerk en je vraagt een aantal mensen uit je publiek om de cola te testen en het merk te noemen (colatest). Het publiek kun je wel laten zien wat het merk is en degenen die proeven niet. Het is dan altijd spannend of de proevers het merk kunnen herkennen.
Dit voorbeeld kun je toepassen op heel veel verschillende soorten productpresentaties. Het leuke ervan is dat het altijd spannend is of de test werkt of niet. Dat is spannend voor jou als presentator en ook voor het publiek. Dus op die manier houd je de aandacht van het publiek vast. Zorg er dan wel voor dat je voor elke uitkomst een passende reactie voorbereidt. Ook als de testers iets zeggen wat jou helemaal niet uitkomt, of als het goedkoopste colamerk favoriet blijkt, dan is het wel van belang dat jij op de juiste manier reageert. Ook hiervoor geldt dat dit een ondersteunend middel is om je presentatie te verlevendigen. Denk het helemaal door en bereid alles voor, want een test die mislukt, is niet geloofwaardig en professioneel, en dat zal zeker blijven hangen bij het publiek.

Tips voor het gebruik
We geven de volgende tips voor het gebruik van alle genoemde interactiemogelijkheden van het publiek.
- Laat je niet afschrikken door een eerste 'nee' van het publiek.
- Dram ook niet te veel door, maar anticipeer op verschillende soorten reacties.
- Zorg er altijd voor dat je de interactie met het publiek grondig voorbereidt.
- Geloof zelf in wat je doet, anders werkt het niet.
- Bewaak de tijd en de procedure.
- Voeg een competitie-element toe.

4.2.5 Overheadprojector

Je ziet het steeds minder, maar het kan nog steeds: een overheadprojector gebruiken. Je kunt sheets maken in PowerPoint of in een ander presentatieprogramma. We beperken ons tot wat tips voor het gebruik.

Tips voor het gebruik

We geven de volgende tips voor het gebruik van een overheadprojector.

- Maak de sheets van tevoren helemaal klaar.
- Zorg dat je weet of er een projector is en hoe die werkt.
- Houd oogcontact met je publiek tijdens de presentatie.
- Doe de projector uit als je hem niet meer gebruikt.
- Laat alleen datgene zien wat op dat moment relevant is en dek de rest af.
- Maak in PowerPoint een hand-out van ongeveer zes sheets.
- Gebruik minimaal een 15-puntsletter.
- Gebruik hoofdletters en kleine letters en niet alleen hoofdletters, dat leest prettiger.
- Houd ruime marges aan.
- Gebruik niet meer dan acht regels tekst per sheet.
- Gebruik trefwoorden in plaats van volzinnen.
- Houd schema's en tekeningen zo eenvoudig mogelijk, geef alleen de essentie weer.
- Voorzie sheets van titel en nummer.
- Wijs onderdelen van sheets op de glasplaat aan en niet op het scherm, je blijft dan contact houden met je publiek.
- Laat elke sheet minstens een halve minuut zien.

4.2.6 Whiteboard

Ook het whiteboard is een veelgebruikt hulpmiddel bij een presentatie. We geven hier een lijst met praktische tips.

Tips voor het gebruik

We geven de volgende tips voor het gebruik van een whiteboard.

- Begin altijd op een schoon bord, ook als je tijdens je presentatie naar een nieuw onderdeel overstapt.
- Schrijf bij elkaar wat bij elkaar hoort: verdeel het bord in velden en zorg voor een goede ruimteverdeling.
- Zorg dat de informatie leesbaar is; in een grote zaal lukt dat meestal niet.
- Gebruik alleen whiteboardmarkers (uitwisbaar).
- Schrijven en praten gaan niet samen.
- Ga zo staan tijdens het schrijven dat het publiek mee kan lezen.
- Stap tijdens het schrijven telkens even opzij om het publiek te kunnen laten meelezen.
- Gebruik functionele gebaren, wijs specifiek aan op het bord wat je bedoelt.
- Veeg de tekst/afbeelding uit als je naar een ander onderdeel overstapt, anders leidt die de aandacht af van jouw presentatie.

4.2.7 Flipover

Soms heb je tijdens een presentatie alleen de beschikking over een flipover. Hierna de praktische tips.

Tips voor het gebruik

We geven de volgende tips voor het gebruik van een flipover.

- Zorg ervoor dat je groot genoeg schrijft. Er kan gewoon niet zoveel op een flap.

- Gebruik dikke en bij voorkeur zwarte of blauwe stiften, anders is het achterin de ruimte moeilijk te lezen.
- Het gebruik valt in grote zalen af te raden in verband met leesbaarheid.
- Blijf oogcontact houden met het publiek bij het bespreken van een flap.
- Bereid de flappen zo veel mogelijk voor.
- Voorkom het omslaan van flappen, scheur ze af als de tekst/afbeelding voor het publiek zichtbaar moet blijven en hang ze met punaise of plakband op een zichtbare plek.

4.2.8 Hand-out

Onder een hand-out (onze zuiderburen zeggen 'uitreikpapier') verstaan we één of enkele A4'tjes waarop je de opbouw van je presentatie, stellingen, tabellen, berekeningen, grafieken of een korte inleiding of samenvatting kwijt kunt. Je kunt die uitreiken aan het aanwezige publiek. Hierna volgen de tips voor het gebruik.

Tips voor het gebruik
We geven de volgende tips voor het gebruik van de hand-out.
- Zorg voor een herkenbare hand-out met logo of naam die bewaard kan blijven.
- Zorg ervoor dat je weet hoeveel hand-outs er nodig zijn.
- Gun het publiek vooraf even de tijd om de hand-out door te nemen/lezen. Deel de hand-out (tenzij je iets verrassends wilt laten zien) altijd uit voor je begint.
- Nummer grafieken, tabellen of voorzie ze van titels zodat je er makkelijker naar kunt verwijzen.

4.2.9 Dia's

Als je regelmatig presentaties houdt waarbij je gebruikmaakt van veel beeldmateriaal, dan zijn dia's geschikt om te gebruiken. Omdat dia's niet veel ingezet worden bij zakelijke presentaties kun je je hiermee wel onderscheiden. Heb je nog oude dia's, dan kun je die eenvoudig inlezen in de computer. Daar is een speciale lezer voor beschikbaar. Als de dia's ingelezen zijn, kun je op dezelfde manier te werk gaan als bij het gebruiken van een filmpje. Heb je echter de beschikking over een diaprojector en wil je op die manier dia's aan je presentatie toevoegen, dan volgen hierna tips voor het gebruik.

Tips voor het gebruik
We geven de volgende tips voor het gebruik van dia's.
- Als je bijvoorbeeld veel kunstwerken of gefotografeerde gebouwen wilt laten zien, is het gebruik van dia's aan te bevelen.
- Zorg dat je precies weet hoe alles werkt en test de apparatuur van tevoren uitgebreid.
- Zorg ervoor dat de dia's voor iedereen zichtbaar zijn.
- Als je investeert in dia's, doe dat dan pas als je zeker weet dat je ze een aantal keer kunt gebruiken, anders is het te kostbaar.
- Zorg voor een verduisterde zaal.

4.3 Valkuilen

Voor al deze hulpmiddelen geldt hetzelfde als voor de hele presentatie. Je moet jezelf zeer goed voorbereiden. Wat gaat er toch nog wel eens mis? Dat lees je onder de volgende kopjes.

Geen controle vooraf

De meeste problemen ontstaan doordat de spreker van tevoren niet heeft gecontroleerd of de apparatuur bijvoorbeeld werkte of dat het materiaal te lezen was of andere problemen die makkelijk voorkomen hadden kunnen worden. Controleer altijd alles voordat je een presentatie gaat houden. Als het gaat om de inzet van andere hulpmiddelen, visualiseer voor jezelf dan hoe het eruit gaat zien. Doe dat bijvoorbeeld aan de hand van een simulatie die zo veel mogelijk lijkt op datgene wat je gaat doen tijdens de presentatie. Op die manier ben je het beste voorbereid.

Werken met niet-genummerde sheets

Let op de volgorde waarin je het materiaal presenteert. Houd tijdens de presentatie voortdurend de structuur, dus je spreekschema, in de gaten. En zorg ervoor dat de sheets genummerd zijn. Zoeken in de stapel naar het juiste exemplaar, terwijl het angstwekkend stil wordt in de zaal, is een ervaring die je niet makkelijk zult vergeten. Neem de nummering van de sheets natuurlijk ook op in het spreekschema!

Te veel oog hebben voor de ondersteuning in plaats van voor het publiek

Blijf oogcontact houden met je publiek en reageer op signalen uit de zaal. Is het tempo goed of zie je vele vervelende gezichten? Je moet dusdanig thuis zijn in de stof dat je een verhaal kunt vertellen. Natuurlijk heb je niet de sheets en dergelijke nodig om te weten wat je ook alweer zeggen wilde. Let er liever op hoe het publiek erbij zit.

Visuele hulpmiddelen introduceren zonder duidelijke uitleg

Zorg ervoor dat alle visuele middelen die je gebruikt, een duidelijke plaats hebben in je presentatie. Licht alles wat je doet en wat het publiek te zien krijgt, duidelijk toe. Laat niets zien zonder dat je het waarom ervan hebt verteld. Een presentatie is pas goed als de visuele middelen echt een geïntegreerd onderdeel zijn van je verhaal, dat betekent dat hun functie 'alleen maar' bestaat uit het ondersteunen van jouw presentatie.

Vergeten de tijd en de procedure te bewaken

Als je je presentatie verlevendigt met de hulpmiddelen die hier in dit hoofdstuk aan bod zijn gekomen, zorg er dan voor dat je de tijd en de procedure bewaakt. Ook als het publiek heel erg lijkt te genieten van de opdracht, moet jij toch degene zijn die op het juiste tijdstip de uitvoering afkapt. Dat doe je om je eigen geloofwaardigheid te behouden, maar ook om geen controle te verliezen tijdens de presentatie. Bedenk hoeveel tijd je wil investeren in een opdracht en houd je daaraan.

Samenvatting

In dit hoofdstuk lieten we zien hoe je je presentatie kunt ondersteunen met audiovisuele hulpmiddelen. We hebben het gebruik van Power-Point, internet, filmpjes van YouTube en andere niet-technische hulpmiddelen besproken, zoals het laten zien van een voorwerp of een interactie met het publiek realiseren. Verder kwamen ook overheadsheets, het whiteboard en dia's aan bod. Als je een keuze maakt voor een van de hulpmiddelen is het goed om de tips te gebruiken die bij elk hulpmiddel gegeven zijn. Als je kiest voor een toepasselijk hulpmiddel dat je presentatie daadwerkelijk ondersteunt, kunnen de toehoorders je presentatie vaak beter begrijpen en onthouden. Bij het gebruik van PowerPoint is het van belang dat niet de computer, maar jij als presentator centraal blijft staan. En als je andere hulpmiddelen gebruikt, ga dan voortdurend na wat de toegevoegde waarde is van de ondersteuning aan je presentatie en of het gebruik van de hulpmiddelen ook praktisch uitvoerbaar is.

We hebben nu bijna alles wat met een presentatie te maken heeft, behandeld en we gaan in het volgende hoofdstuk dieper in op wat je kunt inzetten om de indruk die je maakt met je presentatie te verbeteren.

De volgende checklist kun je gebruiken als je je presentatie ondersteunt met (audio)visuele middelen. De lijst geeft aandachtspunten per hulpmiddel.

Checklist voor het gebruik van hulpmiddelen

Algemeen	Ja	Nee
1 Toepassing hulpmiddel		
1a Apparatuur werkt	○	○
1b Beeld is zichtbaar	○	○
1c Tekst is leesbaar	○	○
1d Geluid is te horen	○	○
1e Zaal is voldoende verlicht	○	○

PowerPoint/internet *(zie subparagraaf 4.2.1 en 4.2.2)*	Ja	Nee
2 Software en hardware		
2a Laptop functioneert	○	○
2b Kabels aangesloten	○	○
2c Beamer beschikbaar	○	○
2d Projectiescherm/ witte muur aanwezig	○	○
2e PowerPointversie gecontroleerd	○	○
2f Internet toegankelijk	○	○

Filmpje *(zie subparagraaf 4.2.2)*	Ja	Nee
3 Software en hardware		
3a Laptop functioneert	○	○
3b Kabels aangesloten	○	○
3c Beamer beschikbaar	○	○
3d Internet toegankelijk	○	○
3e Filmpje kan direct starten	○	○
3f Beeld is goed zichtbaar	○	○
3g Geluid werkt	○	○

Voorwerp *(zie subparagraaf 4.2.3)*	Ja	Nee
4 Afmeting en kwaliteit		
4a Voorwerp is voor iedereen zichtbaar	○	○
4b Voorwerp kan niet bederven	○	○

Actieve inzet publiek *(zie subparagraaf 4.2.4)*	Ja	Nee
5 Opdracht en gewenste resultaat		
5a Opdracht past in de beschikbare tijd	○	○
5b Instructie is motiverend	○	○
5c Doel van opdracht is helder	○	○
5d Resultaat van opdracht is haalbaar	○	○

Overheadsheets *(zie subparagraaf 4.2.5)*	Ja	Nee
6 Projector en sheets		
6a Projector staat scherp	○	○
6b Sheets zijn genummerd	○	○
6c Sheets minimaal een halve minuut op projector	○	○

Whiteboard *(zie subparagraaf 4.2.6)*	Ja	Nee
7 Bord en hulpmiddelen		
7a Bordenwisser aanwezig	○	○
7b Voldoende stiften die werken?	○	○
7c Handschrift leesbaar	○	○
7d Duidelijke bordindeling	○	○
7e Publiek kan meelezen	○	○

Checklist voor het gebruik van hulpmiddelen (vervolg)

Dia's *(zie subparagraaf 4.2.9)*	Ja	Nee
6 Apparatuur en dia's		
6a Diaprojector werkt	○	○
6b Dia's zijn goed zichtbaar	○	○
6c Zaal is verduisterd	○	○

Microfoon	Ja	Nee
7 Gebruik microfoon		
7a Microfoon werkt	○	○
7b Draad lang genoeg	○	○
7c Standaard aanwezig	○	○

Presenteren in de praktijk

Dit hoofdstuk gaat over de uitvoering van een presentatie. Tijdens een presentatie moet je voor je gevoel overal aan denken. Om je te helpen echt niets te vergeten, sluiten we dit hoofdstuk weer af met een checklist. We behandelen eerst een aantal vaardigheden van een presentator. Belangrijk daabij is dat de presentator geloofwaardig en authentiek is, anders is het probleem vaak dat het gekunsteld lijkt als de vaardigheden worden toegepast. Om dat te bereiken, moet je de verbeeldingskracht van het publiek in werking zetten. De vaardigheden ondersteunen dat proces.

Vervolgens bespreken we de houding tijdens een presentatie. Ook komen spreektechnieken aan bod en we geven tips voor het taalgebruik dat je kunt hanteren tijdens een presentatie. Tot slot bespreken we de valkuilen waarin je tijdens je presentatie kunt vallen en wat je kunt doen om dat te voorkomen.

5.1 Vaardigheden van een presentator

Het belangrijkste doel van je presentatie is dat je de toehoorders overtuigt van je verhaal. Daarvoor moet je de ontvanger centraal stellen. Leer daarbij van Oprah Winfrey, de bekende Amerikaanse talkshowpresentatrice. Oprah straalt het volgende uit: wil wat goed is voor je publiek, help hen dit te bereiken en vind het prettig om in hun gezelschap te zijn en geloof dat je publiek beter wordt van jouw presentatie. In de vorige hoofdstukken hebben we de inhoudelijke voorbereiding besproken, we hebben uitgelegd welke audiovisuele ondersteuning je kunt gebruiken. In dit hoofdstuk maken we duidelijk welke vaardigheden je als presentator kunt inzetten om je doel bij een presentatie te bereiken. In hoofdstuk 2 hebben we al aangegeven hoe je je kunt oriënteren op de gewenste indruk die je wil maken op het publiek. In deze paragraaf laten we zien hoe je controle kunt krijgen over een aantal vaardigheden, zodat je zelf als regisseur van je presentatie ook het optimale resultaat bewerkstelligt.

De persoon van de spreker bepaalt voor vijftig procent het welslagen van een presentatie. In de volgende subparagrafen leggen we uit hoe je jezelf goed en geloofwaardig voor je publiek voorstelt en hoe je met je angsten voor spreken in het openbaar om kunt gaan en hoe je de regisseur kunt zijn van je eigen presentatie. Verder gaan we in op het gedrag van een goede presentator, die niet voorleest en de stem goed gebruikt, die de juiste houding heeft en taal gebruikt die afgestemd is op het publiek.

5.1.1 Sprekersangst

Bijna iedereen heeft wel eens last van sprekersangst. Die angst is eigen aan het optreden in het openbaar. Heel veel acteurs en cabaretiers voelen vlinders in hun buik vlak voordat het doek opgaat. Het is heel onthullend om zelfs beroemde en geroutineerde artiesten als de inmiddels overleden Michael Jackson in interviews te horen vertellen over de complete black-outs die zij soms hebben gehad, op het moment dat ze het toneel opliepen.

Knikkende knieën, trillende handen, een droge keel, het gevoel straks geen woord uit te kunnen brengen: allemaal symptomen van sprekersangst. Ook geoefende sprekers zijn, voordat ze een presentatie houden, vaak gespannen. Zij wenden die spanning alleen aan om een betere prestatie te leveren. Door spanning staan ze 'op scherp' en krijgen ze een zogenoemde adrenalinestoot. Dankzij hun ervaring kunnen zij de ongewenste neveneffecten van spanning en zenuwen onder controle houden. Vrijwel iedere niet-geoefende spreker heeft met dit vervelende maar onontkoombare verschijnsel te kampen. Toch hoeven zenuwen de kwaliteit van een presentatie niet negatief te beïnvloeden. Zie het voorbeeld van Michael Jackson. Het is de kunst om je zenuwen om te zetten in goed gedoseerde energie.

We geven de volgende algemene *tips om de zenuwen in bedwang te houden.*
· Bereid je goed voor; zorg ervoor dat je de avond voor het optreden zeker weet dat, als het aan jou ligt, de presentatie niet zal mislukken.

- Geloof in wat je zegt en bedenk van tevoren wat je wil benadrukken en markeer dat voor jezelf.
- Bedenk hoe je wilt omgaan met het publiek tijdens je presentatie.
- Spreek thuis enkele malen de presentatie uit met de wekker ernaast; het ergste wat je kan overkomen is een presentatie die meer tijd vraagt dan de organisatie van je gevraagd heeft: je wordt afgekapt, en terecht!
- Streef naar een *goede* presentatie, maak jezelf niet dol door als beginnend presentator van jezelf meteen maar een superoptreden te eisen.
- Leer het begin van je presentatie uit je hoofd en kijk, als je deze tekst uitspreekt direct de zaal in; het kan je een rustig gevoel geven om te zien dat er mensen met aandacht naar je zitten te luisteren.
- Zorg voor een rustige ademhaling.

Als iemand nerveus is, gaat hij vanzelf sneller en oppervlakkiger ademhalen. Dat is voor een spreker zeer ongewenst: je komt slechter uit je woorden en dat versterkt je nervositeit weer. Deze neerwaartse spiraal moet worden onderbroken. Dit kan door jezelf te dwingen rustig en diep adem te halen. Begin daar al mee voor de presentatie, je hebt dan meer adem om je zinnen af te maken. Bovendien dwingt het rustige ademhalen je om pauzes te leggen. De kans dat je het verhaal afraffelt, wordt hierdoor kleiner.

5.1.2 Voorstellen

Hoe stel je jezelf voor? Wat zijn de allereerste woorden die je uitspreekt? Meestal wordt een spreker die een presentatie gaat houden voor onbekend publiek, ingeleid. De congresleider of dagvoorzitter verschaft dan de nodige informatie over de spreker: wie hij of zij is, wat hij doet en waarom hij voor het congres is uitgenodigd. Het kan echter ook voorkomen dat er geen inleider is. Dan zul je de introductie zelf moeten verzorgen. Je bent nu eenmaal aan je publiek verplicht, duidelijk te maken wie er voor hen staat. Houd de introductie kort: geef alleen die informatie die voor de luisteraar en de presentatie relevant is. Vaak komt dat neer op *het noemen van je naam en je functie én de aanleiding waarom jij nu net gevraagd bent* om een verhaal te komen houden. In hoofdstuk 3 hebben we aandacht besteed aan hoe je je publiek voor je wint in de eerste minuut van je presentatie, dus hoe je je ethos vergroot. Laat ook meteen doorschemeren hoe je het publiek zal betrekken bij je presentatie. Dan weet het publiek ook waar het aan toe is.
Denk eraan dat je weer even pauzeert, een moment rust inbouwt, voor je met de eigenlijke inleiding begint.

5.1.3 Voorlezen of improviseren?

Beginnende sprekers hebben de neiging hun presentatie woord voor woord uit te schrijven. Tijdens de presentatie kunnen ze dan volstaan met het oplezen van de tekst. Zo kan er weinig misgaan. Het is veilig, want de uitgeschreven tekst biedt voldoende zekerheid. Toch is het oplezen van een uitgeschreven tekst moeilijker en veel minder effectief dan op het eerste gezicht lijkt. Het is moeilijker, omdat de spreker druk bezig is met voorlezen. Zo druk dat hij nauwelijks tijd heeft om het publiek aan te kijken. Gebrek aan oogcontact maakt het verhaal onnodig saai. De zaal kwam voor een presentatie, een verhaal, en krijgt een lezing voorgeschoteld. Bovendien kan de spreker helemaal niet inspelen op reacties uit het publiek, je kunt niet lezen en tegelijkertijd je ogen over het publiek heen laten dwalen.

Bij het voorlezen laat je een aantal kansen liggen die de presentatie nu juist zo aantrekkelijk kunnen maken. We hebben al eerder gezien dat de persoonlijke aanwezigheid en het directe contact een belangrijk voordeel voor de overtuigingskracht van mondelinge presentaties kunnen zijn. Denk maar aan het volgende: *laat jij je overtuigen door een docent die een boek voordraagt?*
Sprekers die hun verhaal oplezen, komen ook minder geloofwaardig over. Zij wekken de schijn zelf maar weinig van het onderwerp te begrijpen of er niet achter te staan. Hun houding wordt door het publiek al snel gezien als ongemotiveerd, weinig enthousiast, onzeker of ondeskundig. Een spreker die direct contact met publiek zoekt en zijn spiekbrief alleen raadpleegt voor detailinformatie, zal een veel gewilliger gehoor vinden.

Ten slotte is het moeilijker om het juiste tempo te vinden bij voorlezen. Zelf ben je vertrouwd met elke zinswending en elk woord van de tekst. De luisteraar is dat niet: hij heeft extra tijd nodig om de woorden goed te laten doordringen. Je gaat daarom bij voorlezen ook meestal te snel. Bij spreken ligt het tempo op 100 woorden per minuut, bij voorlezen op 150.

Kortom: als je een tekst voorleest, gun je een luisteraar geen kans om 'mee te denken'. Het voorlezen van een uitgeschreven tekst is dus sterk af te raden. Door geïmproviseerd spreken aan de hand van een spreekschema wint de presentatie aan levendigheid. Het directe conctact met het publiek maakt alle onvolkomenheden die de improvisatie eigen zijn, ruimschoots goed. Kijk en praat tegen mensen! Dat is één van de pijlers van een goede en overtuigende presentatie.

5.1.4 Beantwoorden van vragen

Het is eerder regel dan uitzondering dat een spreker na zijn presentatie de eventuele vragen van het publiek beantwoordt. Dit is bij uitstek het moment waarop blijkt dat de spreker verstand van zaken heeft, dan wel weinig kennis heeft buiten het voorbereide verhaal om. Dit deel van de totale presentatie bepaalt dus in hoge mate welke indruk je publiek achteraf overhoudt van je geloofwaardigheid en deskundigheid.
Je kunt ook *tijdens* de presentatie al vragen beantwoorden om de interactie met het publiek te vergroten. Doe dat alleen als je er zelf helemaal zeker van bent dat je die werkwijze aan kunt, want anders is er een kans dat je de regie verliest. Hoe het publiek op andere manieren bij je presentatie betrokken kan worden, heb je kunnen lezen in het vorige hoofdstuk.
Benut de kans die je gegeven wordt tijdens het vragenrondje, om je boodschap nog eens goed onder de aandacht te brengen. Dus zorg dat je het zo hebt voorbereid dat je de kern van de presentatie laat terugkomen bij het beantwoorden van de vragen.

Denk niet dat je het niet goed hebt gedaan als er vragen zijn, want vragenstellers tonen juist betrokkenheid bij de inhoud. Als je op de hogeschool of universiteit een presentatie houdt, zullen er niet altijd heel veel vragen worden gesteld. Maar als je een professionele presentatie houdt waarbij het publiek echt geïnteresseerd is in je onderwerp, dan zul je merken dat er veel vragen zijn om te beantwoorden. Een goede presentatie vraagt om vragen. Bedenk echter wel dat je ook na het vragenrondje het woord kunt nemen om nog even de kern van de presentatie stevig neer te zetten. Als je dat oppakt, dan staat je presentatie inclusief het vragenrondje als een huis.

We geven de volgende praktische tips.
- Formuleer vooraf al een aantal vragen die je publiek zou kunnen stellen. Hierop kun je je thuis alvast voorbereiden (zie ook subparagraaf 2.4.5).
- Bedenk de meest vreselijke vraag die je gesteld kan worden en verzin daar van tevoren een antwoord op.
- Herhaal iedere gestelde vraag even voor het gehele publiek. Vaak heeft een deel van de aanwezigen de vraag niet goed verstaan.
- Reageer niet defensief. Beschouw iedere vraag als een kans om bepaalde zaken uit je verhaal nader toe te lichten. Zorg altijd voor een open houding en een open manier van reageren.
- Reageer serieus op alle vragen, zelfs als ze betrekking hebben op iets wat je al meent te hebben uitgelegd.
- Neem kritische vragen over de inhoud of over je deskundigheid serieus, ook als ze stekelig of emotioneel geformuleerd zijn. Ga vooral in op de inhoud, niet op de toonzetting. De spreker die rustig en zakelijk reageert, behoudt altijd zijn geloofwaardigheid.
- Veer mee bij erg kritische vragen. Geef aan dat je begrip hebt voor het gevoel van de vragensteller.
- Geef eerlijk aan waar je het antwoord op schuldig moet blijven. Ga geen verbaal rookgordijn optrekken als je een keer het antwoord niet weet.
- Verwijs al te gedetailleerde vragen door naar de pauze.

In tabel 5.1 is op een rijtje gezet wat je wel en wat je niet moet doen bij moeilijke opmerkingen en vragen van het publiek.

Tabel 5.1 **Do's en don'ts bij moeilijke vragen**

Reactie Vragenstellers	Niet doen (don'ts)	Wel doen (do's)
Betweter	In discussie gaan	Opmerken dat je niet helemaal zeker bent, eventueel na presentatie op terugkomen
'Volgens mij kloppen deze gegevens niet. Hoe kan dat nou?'	*'Nou volgens mij anders wel.'*	*'Ik weet het niet helemaal precies, maar na de presentatie kom ik erop terug.'*
Aanvaller	De tegenaanvalspositie kiezen	Niet ingaan op de inhoud van de opmerking
'U snapt er zelf kennelijk helemaal niets van, hoe kunt u hier nou iets over vertellen?'	*'Wie denkt u eigenlijk wel dat u bent om mij zo te beschuldigen.'*	*'Deze vraag lijkt me niet relevant. Mijn persoon staat nu niet ter discussie.'*

Tabel 5.1 **Do's en don'ts bij moeilijke vragen** (vervolg)

Reactie Vragenstellers	Niet doen (don'ts)	Wel doen (do's)
Langspreker	Geërgerd onderbreken	Vriendelijk onderbreken en de regie terugnemen
'Allereerst wilde ik opmerken dat … en vervolgens wil ik nog even ingaan op … om ten slotte te komen tot …'	*'Ja meneer, wie houdt hier nou een presentatie en wat is uw vraag eigenlijk?'*	*'Sorry dat ik u onderbreek, maar kunt u voor mij uw vraag iets exacter formuleren?'*
Ja-maarzegger	Terug ja-maren	Vriendelijk uitleggen dat dat nu niet aan de orde is
'Ja, u zegt wel dat gras groen is, maar waar baseert u dat eigenlijk op?'	*'Ja, maar waar baseert u uw vraag op?'*	*'Daar wilde ik nu liever niet op ingaan. Het lijkt me niet te leiden tot een beter begrip van de presentatie.'*
Nee-zegger	Dat op jouw beurt weer ontkennen	Begrip tonen en een moment later de gelegenheid geven om te reageren
'Nee, dat geloof ik niet, want ik heb andere bewijzen. Dus hoe zit het nou?'	*'Oh nee, het is anders toch waar.'*	*'Voor zo'n fundamenteel onderwerp is nu geen plaats. Daar ga ik graag later met u over door.'*
Expert	Er een tweestrijd van maken	Toegeven dat je ook niet alles kunt weten
'Ik heb in een andere bron gelezen dat wat u zegt niet klopt. Daar werd nl. gezegd dat … Kunt u u nader verklaren?'	*'Die bron van jou deugt niet, ik weet zeker dat.'*	*'Wellicht heeft u gelijk, maar ik wilde daar nu niet te diep op ingaan, omdat ik die bron niet ken.'*
Overweldiger	Ruimte geven	Ruimte terugnemen
'Interessant wat u zegt maar weet u ook dat de volgende aspecten nog veel interessanter zijn. Het gaat om de volgende drie zaken …'	*'Oh vertelt u eens welke drie?'*	*'Sorry, maar ik wil graag verder gaan met mijn presentatie en die gaat over …'*

Bron: vrije bewerking van: *Echte leiders gebruiken geen PowerPoint, een krachtige visie op presenteren* (p. 176, 177)

Ben je geïnteresseerd in de manier waarop je argumenteert, debatteert of argumenten weerlegt, lees dan *Taaltopics Argumenteren* uit deze zelfde reeks.

5.2 Houding tijdens de presentatie

Lichaamstaal is vaak nog sprekender dan spreektaal. Als je enthousiast bent over een onderwerp zal zich dat vertalen naar jouw lichaamstaal, maar ook als je het een verschrikking vindt om voor die groep mensen te staan, is dat altijd direct duidelijk voor een publiek. Een goede inhoudelijke voorbereiding maakt je enthousiasme voor een onderwerp groter. Verder kun je je lichaam vaak meer uitbuiten: je armen gebruiken om iets te omschrijven of aan te wijzen; wat heen en weer lopen en zelfs naar voren buigen als je iets speciaals aan je publiek wilt meegeven. Zelfs als je voor je gevoel overdrijft, zul je merken dat het op de video vaak heel natuurlijk en zelfs sprankelend overkomt. Het belangrijkste advies is hier dan ook: gebruik je lichaam op zo'n manier dat het je presentatie ondersteunt.

Soms zul je merken dat je manier van presenteren voor je gevoel overdreven lijkt. Voor het publiek komt het bijna nooit overdreven over. Een advies is dus om jezelf te zijn en tegelijkertijd uit te vergroten wat je normaal klein houdt. Gebaren mogen groter, je stem mag luider, je mag meer ruimte innemen, kortom: je mag staan voor je verhaal. Wat daarbij helpt is dat je van tevoren de ruimte waar je moet presenteren verkent. Dan weet je welke plaats je in kunt nemen. Nog prettiger is het als je daar al een keer gestaan hebt. Kijk goed naar je medestudenten als ze presenteren en let erop hoeveel ruimte ze innemen en hoe dat overkomt. Laat je enthousiasme en passie voor het onderwerp zien. Geloof erin en draai er niet omheen. Alle theatrale effecten zijn boeiend en interessant. Dus als je voor je eigen gevoel toneel speelt, zal het publiek opmerken dat je zo jezelf bent tijdens een presentatie. Laat jezelf in vol ornaat zien aan je publiek.

Geoefende sprekers buiten die lijfelijke aanwezigheid uit: zij geven luisteraars het gevoel dat zij openstaan voor contact. Zij zullen het publiek niet de rug toekeren of langdurig op hun tekst staren. Zij zullen voortdurend oogcontact zoeken en hun aandacht over het hele publiek verdelen. In feite proberen goede sprekers een soort *dialoog* met het publiek aan te gaan; zij zullen inspelen op reacties van het publiek. Bij vragende gezichten zullen zij een bepaald gedeelte nog eens herhalen of verduidelijken. Als zij aan de reacties van luisteraars zien dat bepaalde informatie bekend is, dan zullen zij die niet nog eens omstandig behandelen.

Kortom: sprekers proberen een zo direct mogelijk contact met hun publiek te realiseren door oogcontact, houding en gebaren voortdurend op het publiek te richten. In de volgende subparagrafen gaan we hierop nader in. Daarnaast stralen goede presentatoren zelfvertrouwen en vriendelijkheid uit.

5.2.1 Oogcontact

Kijk voortdurend het publiek in, besteed niet alleen aandacht aan de voorste rijen, maar ook aan de luisteraars achterin de zaal. Staar niet te lang naar een persoon. Dat is nogal onplezierig voor die luisteraar, omdat hij/zij ongewild alle aandacht op zich voelt gericht. De andere luisteraars voelen zich daarentegen verwaarloosd. Verdeel de zaal in aandachtsgebieden en schenk ze tijdens de presentatie om beurten aandacht. Richt je spreekschema zo overzichtelijk in dat je met een korte blik weer verder kunt met het verhaal.
Nederlanders zijn voortdurend oogcontact gewend en waarderen dat ook positief. In andere culturen wordt het niet altijd gewaardeerd als je zo uitgesproken kijkt naar je publiek. Je kunt gerust vijf tellen naar eenzelfde persoon in het publiek kijken. Veel langer niet, want dat voelt ongemakkelijk.

5.2.2   Houding

Zorg dat je ontspannen en actief voor het publiek staat. Dat is natuurlijk makkelijker gezegd dan gedaan. Probeer je armen los lang het lichaam te houden en gebruik de lessenaar of katheder niet als een rots in de branding. Haal rustig en diep adem en houd een langzaam tempo van spreken aan. Je leert het meest als je jezelf een keer op de video bekijkt. In één oogopslag zie je wat jij uitstraalt. Spanning? Nonchalance? Kom je zeer serieus of juist vlot over?

Staande spreken heeft veel voordelen boven zittend spreken. Je bent staand duidelijker aanwezig, het publiek ziet je beter. Je hebt een beter oogcontact en kunt meer posities innemen. Als je gaat verzitten merkt niemand dat; als je staat maak je een actievere indruk. Overdrijf niet! Een spreker die voortdurend het hele podium bestrijkt, maakt een onrustige en zenuwachtige indruk. Maak dus gerust een paar passen, maar vermijd hele wandelingen.

Op het moment dat je staat voor een groep is het van groot belang dat je let op hoe je staat. Een paar tips zijn daarvoor onontbeerlijk. Je gaat rechtop staan. Je kantelt je bekken. Je zorgt dat je knieën iets gebogen zijn. Je rug moet recht zijn. Je nek, schouders en kaken zo veel mogelijk ontspannen, maar geen hangende nek of schouders. Verdeel je lichaamsgewicht gelijkmatig over je voeten. Blijf contact met de grond voelen.

Tijdens de presentatie kun je natuurlijk rondlopen. Let er dan wel op dat je dat doet in een ontspannen rechte houding. Met een dergelijke houding maak je een prettige indruk op je publiek.
Een ander voordeel van een actieve, ontspannen houding is dat de kwaliteit van het stemgeluid verbetert. Een actieve houding geeft ruimte aan de longen en aan de buikorganen en bewegingsvrijheid aan het middenrif, de belangrijkste ademspier.

Kapsels die maar niet goed blijven zitten en dus voortdurend op de juiste plek teruggeduwd moeten worden, handen in en uit de broekzakken, aanhoudende jeukaanvallen op het voorhoofd, papieren op het tafeltje voor je die voortdurend recht gelegd moeten worden, dit alles wekt in het minst erge geval de lachlust van het publiek op. In het ergste geval leiden deze gebaren af en worden ze het onderwerp van gesprek in de zaal. Wat Erwin Kroll toch altijd weer zo goed afgaat, daarop moeten beginnend presentatoren nog uitvoerig studeren: gebaren maken die het verhaal *ondersteunen* en tegelijkertijd een natuurlijk en niet-ingestudeerd effect creëren.

Politici in Amerika, maar zeker ook in Nederland, kennen een lange traditie van videotraining, juist om te leren hoe ze effectief met hun handen om moeten gaan. Voor elke belangrijke speech oefent Obama eerst 'droog'. Onderwerp van de nabespreking met zijn media-adviseurs: hoe deed ik het met mijn handen?

Iedereen kan leren om functionele gebaren te maken; ook hier geldt dat je jezelf een aantal keren op video moet bekijken om te leren wat voor jou een goede manier is. Het is in ieder geval belangrijk dat het publiek niet afgeleid wordt door de gebaren van de sprekers. Die moe-

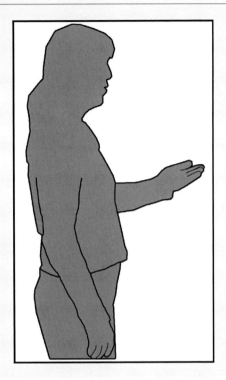

ten echt in dienst staan van de presentatie. Je kunt dan denken aan iets laten zien of iets opschrijven of aanwijzen.

Er zijn gebaren die je tijdens een presentatie maar beter niet kunt maken. In tabel 5.2 zie je een opsomming waarbij ook aangegeven wordt welke indruk zo'n gebaar maakt.

Tabel 5.2 **Gebaren en hun indruk**

Gebaar om niet te maken	Indruk van het gebaar bij het publiek
Ellebogen in de zij, onderarmen bewegen	Fladderende kip
Beide handen voor het kruis	Angstige indruk
In de handen wrijven	Besluiteloosheid
Handen gevouwen	Smeken om genade
Opgestoken vingertje	Schoolmeester / schooljuffrouw

Bron: vrije bewerking van: *Echte leiders gebruiken geen PowerPoint, een krachtige visie op presenteren* (p.192, 193)

Elke houding straalt iets uit en elk gebaar wil iets zeggen. Bekijk figuur 5.2 tot en met 5.13 maar eens. Aan het figuuropschrift kun je zien wat de houding of het gebaar oproept of betekent.

Figuur 5.2 **Open, actieve houding**

Figuur 5.3 **Gesloten, defensieve houding**

Figuur 5.4 **Staan voor je standpunt**

Figuur 5.5 **Desinteresse**

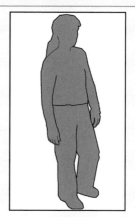

Figuur 5.6 **Achteloos: handen in de broekzak**

Figuur 5.7 **Wankelmoedig: op één been**

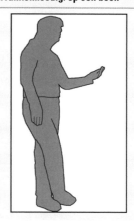

Figuur 5.8 **Aanwijzen met behoud oogcontact**

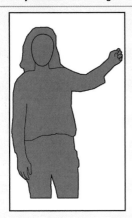

Figuur 5.9 **Aanwijzen met verlies oogcontact**

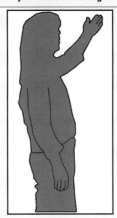

Figuur 5.10 **Lezen van tafel: verlies oogcontact**

Figuur 5.11 **Lezen spreekschema met verlies oogcontact**

Figuur 5.12 **'Ten eerste, ten tweede, ten derde ...'**

Figuur 5.13 **Afleidend gedrag: klikken met de pen**

5.3 Spreektechnieken tijdens de presentatie

Voordat we de verschillende spreektechnieken behandelen, gaan we eerst in op het stemgebruik in het algemeen.

5.3.1 Een goed stemgebruik

Je eigen stem is vaak niet om aan te horen als je een video-opname terughoort. Voor anderen valt dat wel mee. Wat jij hoort als je praat, is niet wat je publiek hoort. Je stem heeft veel mogelijkheden waar je je publiek mee kunt boeien. Je kunt variëren in klemtonen, toonhoogte en volume. Je moet je echter wel bewust zijn van hoe je stem klinkt. Je kunt alle variaties met je stem uitproberen, terwijl je je stem opneemt om de verschillende effecten die je kunt bewerkstelligen ook daadwerkelijk in beeld te krijgen. Je hebt daarbij veel mogelijkheden en het gaat er dus om dat je je er bewust van wordt en dat je je stem als middel kan inzetten om je publiek te overtuigen tijdens een presentatie. Het is belangrijk om met behulp van een opname de mogelijkheden van de stem te verkennen.

Met je uitdrukkingsvermogen ben je als spreker ruim in het voordeel bij schrijvers: zij hebben alleen het geschreven woord tot hun beschikking; sprekers kunnen daarnaast ook nog eens hun stem gebruiken. Door de stem op verschillende manieren te gebruiken, kan aan woorden een 'extra lading' worden meegegeven. Sprekers kunnen door gebruik van hun stem aan een simpel woord veel meer betekenissen geven dan schrijvers.

Bij stemgebruik spelen verschillende aspecten een rol: *articulatie, volume, tempo, intonatie, én pauzes.* De verstaanbaarheid staat natuurlijk voorop. Binnensmonds of te zacht sprekende redenaars kunnen misschien oneindig veel betekenisnuances aanbrengen met hun stem, maar het effect ervan gaat verloren. Vooral de luisteraars achterin de zaal zullen snel hun aandacht verliezen. Het is dus in de eerste plaats zaak om verstaanbaar te zijn. Verstaanbare maar monotone sprekers zullen echter geen enthousiast gehoor vinden. En een levendige stem houdt de aandacht ook goed vast. President Obama is een goed voorbeeld van iemand die effectief gebruikmaakt van zijn stem. Er wordt beweerd dat Obama alleen al door zijn stem goed te gebruiken de verkiezingen heeft gewonnen van zijn opponent McCain, die veel minder goed gebruik wist te maken van zijn stem. Obama articuleert heel goed, houdt veel pauzes en maakt goed gebruik van volume, tempo en intonatie.
Hoe je je stem verlevendigt en hoe je een verstaanbare en boeiende spreker wordt, komt in de volgende subparagrafen aan de orde. Daar verdiepen we ons in de aspecten die een rol spelen bij het stemgebruik, namelijk articulatie, volume, tempo, intonatie en timing.

5.3.2 Articulatie

Met een goede articulatie dien je vooral de verstaanbaarheid. Als je de neiging hebt om binnensmonds te spreken, moet je daar tijdens de presentatie extra aandacht aan besteden. Doe je mond verder open dan je gewend bent. Aanvankelijk lijkt dat misschien overdreven, maar voor de toehoorders wordt het luisteren hierdoor veel gemakkelijker.

Verschillende maatregelen zijn van belang om je articulatie te verbeteren. Wat goed werkt is 'voor in de mond' spreken. Dat betekent dat je de geluiden niet uit je keel moet laten komen. Daarnaast speelt bij articulatie je ademhaling ook een rol. Een lage buikademhaling bevordert een goed gebruik van je stem. Verder bevordert een lage ademhaling ook je ontspannen houding.

De hoogte van je stem bepaalt ook de verstaanbaarheid. Je kunt de natuurlijke hoogte van je stem bepalen door diep met je buik adem te halen en hè, hè te zeggen. De toonhoogte die je dan hoort, is je natuurlijke hoogte. Op die hoogte kun je het beste spreken om je stem te sparen en om duidelijk te zijn voor je publiek.
Als je een snelle spreker bent, is het raadzaam te letten op je articulatie en ademhaling. De aandacht daarvoor maakt dat je langzamer gaat spreken en daardoor vaak ook beter te verstaan bent.

5.3.3 Volume

Sommige sprekers kunnen echt een keel opzetten; ze hebben van nature veel volume. Anderen kunnen een klein gehoor nauwelijks met hun stem de baas. Controleer in ieder geval altijd of je volume toereikend is: 'Kunt u mij achterin de zaal verstaan?' Als je hoort dat dit niet het geval is, zul je je toevlucht moeten nemen tot de microfoon. Beter is, dit ruim van tevoren te bedenken: je kunt dan nog een geluidsinstallatie regelen.

Of je nu veel geluid kunt produceren of niet, van belang is dat je het volume tijdens de presentatie varieert. Daardoor kun je bepaalde woorden benadrukken en de eentonigheid tegengaan. Luisteraars verliezen hun aandacht sneller bij iemand die voortdurend zinnen in dezelfde geluidssterkte produceert dan bij iemand die het volume weet te variëren. Denk niet dat je door (bijna) fluisteren de aandacht van de luisteraars verliest; als je eenmaal de aandacht hebt, gaan zij er juist beter door luisteren.

5.3.4 Intonatie

De intonatie van een zin is van belang voor het begrip van de betekenis: bovendien kun je belangrijke woorden extra nadruk geven (vaak varieer je dan ook het volume). Pas echter op voor te veel nadruk in een zin. Dat vermoeit het publiek alleen maar, omdat het automatisch de oren spitst. Als je overdrijft, gaat het effect van de nadruk verloren.

Om luisteraars te blijven boeien kun je de zinsmelodie gebruiken. De sfeer in een gesprek wordt ook vaak beïnvloed door de zinsmelodie. Iedereen heeft zijn eigen specifieke intonatie. Luisteraars reageren ook op je intonatie tijdens een presentatie. Als je te monotoon spreekt, kan dat verschillende oorzaken hebben. Je kunt dan denken aan bijvoorbeeld:
- stereotiepe zinsmelodie;
- te veel tussenvoegsels als *eh* en *dus*;
- te weinig pauzes;
- te zacht spreken;
- binnensmonds spreken.

Om levendiger te gaan praten, kun je grotere toonhoogteverschillen in-
bouwen. Duidelijker articuleren en luider spreken bevordert ook de levendigheid. Verder werkt het goed om pauzes in te bouwen en stopwoordjes te vermijden.

5.3.5 Tempo

De meeste (beginnende) sprekers praten te snel. Omdat ze zich niet op
hun gemak voelen, hebben ze de neiging zich er zo snel mogelijk vanaf
te maken. Ze raffelen hun betoog dan in een veel te hoog tempo af. De
ervaring leert dat je bij mondelinge presentaties net iets langzamer
moet spreken dan je gewend bent: dan spreek je in juiste snelheid. Probeer jezelf ertoe te dwingen dat gedurende de hele presentatie te doen;
anders ga je vanzelf toch weer te snel spreken. Pas ook op dat je niet in
het andere uiterste vervalt: een lijzig tempo doet zelfs de meest aan-
dachtige luisteraar in slaap sukkelen.
Ook bij dit aspect geldt weer: zorg voor afwisseling. Minder belangrijke
of minder moeilijke gedeeltes vertel je wat sneller; op belangrijke of
moeilijke passages vestig je de aandacht door een lager tempo.

5.3.6 Timing

Timing is het nemen van de
juiste adem-/spreekpauze op
het juiste moment. Voor een
luisteraar is niets zo vermoeiend als een spreker die altijd
adem lijkt te hebben. Als toehoorder is het prettig om op
gezette tijden in een presentatie van een welverdiende
pauze te genieten. Door middel van pauzes geef je de luisteraar ook de gelegenheid om
informatie tot zich door te
laten dringen. Naarmate de in-

formatie complexer en dus moeilijker is om te verwerken, heeft de luis-
teraar meer pauzes nodig.

Bedenk vooraf waar je pauzes wilt inlassen. Vaak kun je dat goed koppelen aan het tonen van visueel materiaal. Plan ook pauzes na een in-
gewikkeld gedeelte en voordat je overgaat naar een ander onderdeel.
Zorg dat de pauzes zo veel mogelijk samenvallen met de 'natuurlijke
grenzen' in een presentatie. Plan pauzes niet middenin een ingewikkelde verhandeling maar voor of na de samenvatting die daarop volgt.
Vermeld de pauzes ook in het spreekschema.

Op het juiste moment een pauze inlassen, kan heel effectief zijn bij een
presentatie. Je geeft mensen de gelegenheid om na te denken over
jouw verhaal en je neemt zelf de rust om op adem te komen. Voor een
goede timing van je pauzes is wel een goede ordening van je gedachten
nodig.

5.4 Taalgebruik tijdens de presentatie

Let op je manier van spreken tijdens de presentatie. Let erop of je wel overtuigend bent met je woordkeuze. Gebruik je bijvoorbeeld vaak 'misschien' of verkleinwoorden, dan komt je verhaal minder overtuigend over. Heb je alleen maar zakelijke formuleringen, dan haakt je publiek al snel af. Praat je snel of juist tergend langzaam? Gaat je stem omhoog aan het einde van een zin, waardoor het lijkt alsof je voortdurend vragen stelt en dus erg onzeker bent over je verhaal? Heb je een hoge stem die, zoals uit onderzoek blijkt, minder overtuigend overkomt dan een lage stem? Praat je hortend en stotend, omdat je je ademhaling niet onder controle hebt? Heb je stopwoordjes of zeg je regelmatig eh? In de volgende subparagrafen kun je lezen hoe je je taalgebruik tijdens de presentatie systematisch kunt verbeteren.

5.4.1 Helder taalgebruik

Tijdens de voorbereiding van de presentatie stond de luisteraar centraal: zijn niveau, interesse en voorkennis bepaalden de keuze van de informatie, de structuur van de presentatie en de visuele ondersteuning. Ook bij de uitvoering van de presentatie moet de aandacht van de spreker vooral gericht zijn op de luisteraars: door oogcontact en gedrag probeert de spreker contact met het publiek te leggen. Ook het taalgebruik van de spreker moet op de luisteraars zijn toegesneden.

Spreektaal verdient de voorkeur boven schrijftaal. Bedenk dat je als spreker veel voor hebt op een schrijver: je kunt enthousiasme en deskundigheid makkelijker overbrengen op de ontvanger. Dat voordeel geef je uit handen door te spreken als een vleesgeworden boek. Wat in schrijftaal correct en aantrekkelijk is, heeft in spreektaal een heel ander effect: een spreker komt al snel als stijf en saai over als hij boekentaal gebruikt. Door te streven naar spreektaal buit je de voordelen van mondeling presenteren het best uit. Bovendien sluit je beter aan bij het bevattingsvermogen van de luisteraar: schrijftaal is moeilijker te begrijpen, ook voor een ontwikkeld publiek.

Spreektaal kenmerkt zich niet door fraaie, foutloze, rustig voortkabbelende zinnen. Als je improviseert, ontkom je niet aan fouten maar improvisatie verhoogt ook de levendigheid. Het van buiten leren van zinnen die op papier heel acceptabel lijken, heeft een ongewenst resultaat: je komt krampachtig en geforceerd over. Aan spreektaal worden nu eenmaal minder hoge eisen gesteld dan aan schrijftaal. Als je spreektaal gebruikt, zal het je publiek niet storen als je af en toe een fout maakt. Die fouten vallen veel meer op bij een spreker die zich in schrijftaal uitdrukt.

Check de helderheid van je taalgebruik met de volgende vragen.
- Heb je de gedachten die je over wilt dragen van tevoren helder verwoord? (in kernwoorden uitschrijven)
- Heb je de focus van je verhaal scherp? (kern een paar keer herhalen)
- Zijn de verbindingen (bruggetjes) tussen de onderdelen duidelijk en weet je hoe je die moet maken? (bruggetjes noteren)

5.4.2 Aanwijzingen voor verbetering van taalgebruik

Taalgebruik in presentaties is vaak voor verbetering vatbaar. We geven hierna een aantal aanwijzingen voor het verbeteren van het taalgebruik tijdens de presentatie.

Publieksgerichte woordkeus

De toehoorders moeten in staat zijn ieder woord direct te begrijpen. Vermoed je ook maar enigszins dat een begrip moeilijk of onduidelijk is, licht dit dan toe. Welke woorden moeilijk zijn, hangt grotendeels van het niveau en de voorkennis van het beoogde publiek af. Vaktaal is dus niet per definitie uit den boze: voor een deskundig publiek is het juist aangenaam en efficiënt als de spreker niet onnodig naar meer alledaagse termen zoekt.

Statistische begrippen

Wat zijn er meer? 0,7 miljoen Nederlanders of alle inwoners van Amsterdam? En wat is 40.000 euro? Een modaal jaarsalaris? Hoeveel voetbalvelden moet ik me voorstellen bij 10 hectare vervuilde grond? En hoeveel kilozakken zout gaan er per dag bij Lotharingen de Rijn in?
Alle begrippen waarin getallen en groottheden worden gebruikt, laten zich met enig nadenken omzetten in een absoluut heldere vergelijking. Deze vergelijkingen zijn juweeltjes in elke presentatie, omdat ze garant staan voor blijvend begrip bij de luisteraar.

Eenvoudige zinsbouw

De meeste mensen hebben er moeite mee lange en complexe zinnen direct te begrijpen. Zeker in een presentatie. Het is ook in je eigen belang om de zinsstructuur eenvoudig te houden: over moeilijke zinnen kun je makkelijk struikelen; bij lange zinnen raak je al sprekend snel de draad kwijt, waardoor je ze niet of verkeerd afmaakt.

Directe en actieve formulering

De toehoorders zullen zich meer betrokken voelen bij wat je zegt en zullen daardoor aandachtiger luisteren, als je ze direct aanspreekt. De presentatie krijgt dan meer de vorm van een dialoog, wat tot gevolg heeft dat het publiek eerder zal reageren en vragen zal stellen. Vermijd ook de lijdende vorm: die maakt je taalgebruik statisch en onpersoonlijk. Vergelijk de volgende zinnen.

- Dan wil ik u nu graag een voorbeeld van deze kringloop laten zien.
- Op de volgende sheet is een voorbeeld van deze kringloop visueel vormgegeven

De tweede formulering is veel stijver en afstandelijker dan de eerste.

Veel redundantie

Het belang van redundantie hebben we al eerder (in hoofdstuk 3) benadrukt. Je kunt redundantie aanbrengen door middel van: signaalwoorden, overgangszinnen, verwijzingen, parafrases, voorbeelden, illustraties, vergelijkingen, toelichtingen van begrippen en samenvattingen.

5.5 Presenteren met een groep

In het hoger onderwijs worden projecten nogal eens afgesloten met een presentatie. Het ligt voor de hand de eindpresentatie te laten doen door één of twee groepsleden, die goed zijn in presenteren of die het leuk vinden een presentatie te verzorgen. Maar soms valt er niets te kiezen. De docent heeft bijvoorbeeld bedacht dat de hele groep in actie moet komen: groepspresentatie verplicht.

Hoe pak je zo'n groepspresentatie aan? Je zult in ieder geval rekening moeten houden met enkele voorspelbare nadelen.
- De afstemming tussen de groepsleden is lastig.
- Het kost veel moeite de rode draad in het verhaal vast te houden.

Hier volgen enkele tips voor een groepspresentatie (waaronder we verstaan: iedere presentatie door drie of meer leden van een groep), onderverdeeld naar voorbereiding en uitvoering.

Tips voor de voorbereiding
- Geef ieder groepslid een afgebakende en zinvolle taak.
- Maak glasheldere afspraken over de taakverdeling.
- Zorg voor uniforme opzet en vormgeving van de visuele ondersteuning.
- Oefen de presentatie vooraf, zodat de groepsleden de inhoud van elkaars bijdrage kennen.
- Wijs een inleider aan: iemand die de presentatie inleidt en afsluit.
- Maak afspraken over het beantwoorden van de vragen.

Tips voor de uitvoering
- Stel de groepsleden voor en leid de presentatie in (inleider).
- Kondig de verschillende bijdragen aan (inleider).
- Voorzie iedere bijdrage van een korte inleiding en een duidelijke afsluiting.
- Draag het woord over aan de volgende spreker.
- Bewaak de tijd die iedere spreker maximaal mag vullen (inleider).
- Vat de inhoud samen (rode draad!) en sluit af (inleider).
- Beantwoord de eventuele vragen (groepsleden), waarbij de inleider de vragen toespeelt aan de groepsleden. Denk er bij het beantwoorden aan dat je de vraag eerst herhaalt en dan pas het antwoord geeft.

5.6 Valkuilen

Bij het presenteren in de praktijk gaat er ook wel eens wat mis, bijvoorbeeld op het gebied van gedragingen, maar vooral op het gebied van het taalgebruik. We bespreken in deze paragraaf enkele veelgemaakte fouten tijdens een presentatie.

Versprekingen
Aan spreektaal worden minder hoge eisen gesteld dan aan schrijftaal. Natuurlijk streef je er als spreker naar om fraai gevormde zinnen uit te brengen, maar het kan voorkomen dat je in een zin verstrikt raakt: je

ziet niet meer hoe je de zin tot een goed einde kunt brengen. Maak zo'n zin niet eindeloos langer in de hoop dat het publiek op een gegeven moment ook het spoor duister is. Los de situatie eleganter op door het gestuntel te onderbreken met *'nee, laat ik het anders formuleren...'* of: *'beter gezegd...'.* Natuurlijk voorkom je een hoop narigheid door korte zinnen te maken.

Stopwoordjes

Sommige sprekers kun je karakteriseren door een woord waarmee ze te pas, maar meestal te onpas hun relaas doorspekken.

> 'Ik heb dus uiteengezet op welke manieren Heineken dus geprobeerd heeft de markt voor alcoholarme en caloriearme bieren dus te bewerken. Ik zal nu proberen te schetsen tot welke resultaten dit dus heeft geleid.'

Heeft het publiek eenmaal in de gaten welk woord de speciale voorkeur van de spreker heeft, dan gaat het erop letten. De stemming kan bepaald hilarisch worden als de spreker... dus gewoon doorgaat met het gebruik van zijn stopwoord.

Afleidend gedrag

Vergelijkbaar met het gebruik van stopwoorden zijn sommige gedragingen, die dwangmatig kunnen aandoen. De ene spreker ijsbeert getergd op en neer voor zijn publiek. De andere spreker heeft niet in de gaten dat zij de gehele presentatie lang op de balpen loopt te klikken die zij in haar hand houdt. Ook dit soort gedragingen (vaak voortkomend uit spanning bij de spreker), kunnen zeer afleidend zijn voor het publiek. Probeer zicht te houden op dergelijke, vaak onbewuste gedragingen en luister goed naar leden van je publiek die er wellicht achteraf opmerkingen over maken. Doe je voordeel met zulke opmerkingen voor een volgende keer dat je moet presenteren.

Zeg eens eeeh...

Een populair radiospelletje was ooit *'Zeg eens eh...'.* Bijna geen van de kandidaten slaagt erin gedurende een minuut de klank ...*eh...* helemaal uit het vocabulaire te bannen. Voor het publiek van een presentatie is het vreselijk vervelend om naar een spreker te luisteren die bijna elk woord op ...*eh...* laat eindigen. Het is alsof de spreker zich naar het eind van de presentatie toe moet slépen.
Je kunt het gebruik van ...*eh...* in bedwang houden door je zinnen al in gedachten te formuleren en in één keer uit te spreken. Na een zin pauzeer je even en formuleer je de volgende. Bedenk vooraf waar je pauzes legt en houd je daaraan.

Samenvatting

In dit hoofdstuk zetten we de laatste puntjes voor je presentatie op de i. We hadden het over sprekersangst en over alle aspecten waar je tijdens het uitspreken van je presentatie op moet letten: houding, oogcontact, stemgebruik, intonatie, maar ook taalgebruik.
Je presentatie en de manier waarop je vragen beantwoordt, zijn eerder overtuigend als je let op je houding en je spreektechniek en als je bij

het beantwoorden van vragen rekening houdt met je publiek. Je houding en lichaamstaal is veelzeggend en een ontspannen en actieve houding en een open lichaamstaal dragen bij aan de presentatie. Ook de spreektechnieken hebben direct invloed op wat je uitdraagt met je presentatie. Luisteraars luisteren graag naar verzorgde spreektaal waar zij zich direct door aangesproken voelen. Als presentatoren hier allemaal rekening mee houden en ze zich bewust zijn van de indruk die ze maken, kunnen ze zelf veel doen om hun presentatie tot een succes te maken.

Aan de hand van de volgende checklist kun je zien hoe je bij een presentatie tot een optimale uitvoering komt.

Checklist houding, spreektechniek en taalgebruik

Algemeen *(zie paragraaf 5.1)*	Ja	Nee
1 Presentatie is overtuigend		
1a Je bent niet angstig	○	○
1b Je stelt je goed voor	○	○
1c Presentatie is niet voorgelezen	○	○
1d Je presenteert een verhaal	○	○
1e Je gelooft er zelf in	○	○
1f Houding is ontspannen	○	○
1g Spreektechniek is adequaat	○	○
1h Taalgebruik is afgestemd op publiek	○	○
1i Je beantwoordt vragen overtuigend	○	○

Toelichting:..

Houding *(zie paragraaf 5.2)*	Ja	Nee
2 Houding is staand		
2a Bekken is gekanteld	○	○
2b Knieën staan niet op slot	○	○
2c Rug is recht	○	○
2d Nek en kaken zijn ontspannen	○	○
2e Er is ondersteunende gezichtsexpressie	○	○
2f Er is voldoende oogcontact	○	○
2g Er zijn ondersteunende gebaren	○	○

Toelichting:..

Spreektechnieken *(zie paragraaf 5.3)*	Ja	Nee
3 Spreektechniek is adequaat		
3a Je gebruikt buikademhaling	○	○
3b Je laat stem vanuit de buik komen	○	○
3c Je hebt een open articulatie	○	○
3d Je gebruikt het juiste volume	○	○
3e Je hebt een goed tempo	○	○
3f Je past intonatie juist toe	○	○
3g Je last voldoende pauzes in	○	○

Toelichting:..

Taalgebruik *(zie paragraaf 5.4)*	Ja	Nee
4 Taalgebruik is geschikt voor publiek		
4a Je gebruikt verzorgde spreektaal	○	○
4b Je hebt publieksgerichte woordkeuze	○	○
4c Je hanteert eenvoudige zinsbouw	○	○
4d Je formuleert direct en actief	○	○
4e Je hanteert voldoende redundantie	○	○

Toelichting:..

Van opdracht tot concrete presentatie: een uitgewerkt voorbeeld

6

6.1 Onderwerp van de presentatie
6.2 Voorbereiding van de presentatie
6.3 De structuur van begin tot eind
6.4 (Audio)visuele ondersteuning
6.5 Presenteren in de praktijk

In dit hoofdstuk lopen we aan de hand van een concrete casus alle stappen, die in dit boek per hoofdstuk aan bod zijn gekomen, nog eens door.

6.1 Onderwerp van de presentatie

Stel, je bent student aan een heao. Je volgt in je derde studiejaar een module mondeling presenteren. Je bent vrij een onderwerp voor een presentatie te kiezen.

Nu heb je onlangs een interessant artikel in *NRC Handelsblad* gelezen over solliciteren via internet. In dat artikel wordt verslag gedaan van een onderzoek naar de manier waarop afgestudeerden aan een baan komen. Je las in het artikel dat iedereen via internet solliciteert, maar dat regels voor deze 'nieuwe' manier van solliciteren niet altijd duidelijk zijn. Je besluit je presentatie te houden over solliciteren via internet en over de manier waarop men dan te werk moet gaan. Je wilt de voordelen en valkuilen op een rijtje zetten, zodat het publiek zijn voordeel kan doen met de inhoud van jouw presentatie!

6.2 Voorbereiding van de presentatie

Je gaat nu echt werk maken van de voorbereiding van je presentatie. Je loopt alle punten van de checklist uit de samenvatting na en je kijkt in hoeverre je er al antwoord op kunt geven.

Doel
Het doel is: het publiek informeren over de mogelijkheden om via internet te solliciteren en een beeld geven van de valkuilen en de voordelen.
- *Realiseerbaar*: het doel is te realiseren, hoewel de beschikbare tijd beperkt is.
- *Hoe doel te bereiken*: niet streven naar volledigheid. Belangrijkste mogelijkheden noemen en daar de plussen en minnen van bespreken.

Publiek
- *Wie*: het gaat om medestudenten en een docent.
- *Voorkennis*: de meeste studenten hebben al wel wat ervaring met solliciteren (baantje, eerste stage). Ze hebben wellicht minder ervaring met solliciteren via internet. Studenten zijn in ieder geval bekend met chatten, websites van bedrijven en organisaties, mogelijk ook met nieuwsgroepen. De docent is misschien iets minder goed op de hoogte.
- *Houding*: je medestudenten zien jou niet als iemand die bijzonder veel van internet weet. Tegenover het onderwerp zullen ze neutraal staan, of licht positief. 'Kan nuttig zijn', zal men denken.

Onderwerp
- *Aanleiding*: er is geen concrete aanleiding, hooguit het feit dat jij en je medestudenten wellicht over een jaar al aanstalten gaan maken om te solliciteren. Volgend jaar is immers jullie afstudeerjaar.
- *Centrale vraag*: hoe kun je het beste te werk gaan als je solliciteert via internet?
- *Globaal antwoord*: je let op de volgende punten: snelle stijging van vacatures op Monsterboard.nl; solliciteren via internet kan sneller, maar gebeurt vaak slordig; voor- en nadelen; te volgen aanpak.

Gewenste indruk

· Je wilt dat het publiek je ziet als iemand die goed geïnformeerd is over dit onderwerp. Je kunt bijvoorbeeld nadrukkelijk enkele bronnen noemen die je hebt gebruikt. Ook kun je een voorbeeld noemen van iemand die je kent en die via internet zijn huidige baan heeft gevonden.

Situatie

· *Hoe laat*: je begint waarschijnlijk in het tweede stuk van de les van 15.00-16.30 uur. Veel aanwezigen zouden graag al iets eerder weg willen.
· *Hoelang*: je hebt maximaal 10 minuten.
· *Waar*: de ruimte waar je moet zijn is het klaslokaal.
· *Faciliteiten*: beamer en computer zijn beschikbaar indien tijdig gereserveerd. De docent eist dat je minimaal drie PowerPointslides gebruikt.

6.3   De structuur van begin tot eind

Je hebt een onderwerp gevonden en je hebt je goed voorbereid. Nu ga je structuur aanbrengen. Je hebt op internet gezocht naar actuele informatie over 'solliciteren via internet'. Je hebt veel informatie gevonden! Je realiseert je dat je presentatie laat in de middag plaatsvindt en dat je publiek niet al te fris meer is. Je begint daarom met het bedenken van een pakkende opening.

Na enig zoeken heb je bedacht dat je je presentatie begint met een verwijzing naar een Oosterse Kung-Fu-film: de held wordt bedreigd door een tegenstander die zijn virtuositeit op het vlak van de martial arts opzichtig demonstreert. De held lost met een hand aan de trekker van zijn pistool de situatie op zeer simpele maar doeltreffende wijze op (hoe pak je solliciteren moeilijk en met veel tamtam aan, en hoe doe je het makkelijk?). Deze inleiding motiveert het publiek zeker; wat je vertelt is immers totaal onverwacht. Verder geeft de inleiding ook informatie: je gaat het hebben over hoe je iets wat veel tijd/moeite kost simpeler kunt aanpakken.

De hoofdvraag van de presentatie is: hoe kun je het beste te werk gaan als je solliciteert via internet? Aan de orde komen:
1 recente cijfers solliciteren via internet;
2 hoe vinden mensen in 2010 een baan?
3 gevaren van solliciteren via internet;
4 verschillen tussen solliciteren via internet en solliciteren op de traditionele manier;
5 hoe solliciteer je via internet?
6 voor- en nadelen.

In het slot van de presentatie grijp je terug op de conclusie uit het artikel, waaruit bleek dat solliciteren via internet ook gevaren kan opleveren. Zowel sollicitanten als werkgevers springen vaak slordig om met de vluchtige informatie via internet. Ter afsluiting presenteer je een fictieve nieuwe conclusie van een toekomstig Nederlands onderzoek. In het slot grijp je ook nog even terug op je vechtfilm-opening (als je via internet makkelijker kunt solliciteren doe dat dan!).

De structuur van de presentatie is duidelijk: feiten en cijfers, gevaren, verschillen tussen solliciteren via internet en traditioneel, en tips. Het spreekschema bestaat uit notitiepagina's bij de PowerPointdia's. Wat je precies op de notitiepagina's zet, is nog afhankelijk van hoeveel informatie je paraat hebt tijdens het oefenen van de presentatie. Je weet vooraf niet exact welke informatie makkelijk uit je mond rolt, en waar het stokt.

Je besluit om de sheets in een hand-out uit te delen aan het publiek. Zo hebben ze meteen goed zicht op de structuur van de presentatie en krijgen ze de belangrijkste aanwijzingen mee naar huis.

6.4   (Audio)visuele ondersteuning

Je bent nu toe aan de audiovisuele ondersteuning. Voor dit publiek, je medestudenten, ligt de keuze voor een PowerPointpresentatie voor de hand. Internet, video en dia's vallen af, omdat de geselecteerde informatie daar niet bij past. Overheadsheets, whiteboard, hand-out en flipover passen minder goed bij een generatie studenten die is opgegroeid met veel bewegend beeld. Bovendien kun je in PowerPoint mooie staafdiagrammen maken van je verzamelde gegevens en kun je overzichtelijke kolommen maken om te vergelijken.

De presentatie is het waard om te bewaren en als hand-out uit te delen. De informatie over relevante internetsites en de verzamelde getallen zijn interessant als je publiek later nog eens terug wil kijken op het moment dat het daadwerkelijk gaat solliciteren. In PowerPoint kun je eenvoudig een hand-out maken voor je publiek en voor jezelf kun je een notitiepagina maken waarop je belangrijke bespreekpunten van de presentatie opneemt.

Je realiseert je dat het niet gaat om de effecten van PowerPoint, maar om de effecten die jij met je presentatie wilt bewerkstelligen. Neem daarom de checklist door om niet voor verrassingen te staan en houd rekening met de genoemde top 10 van ergernissen bij een PowerPointpresentatie. Kortom, zorg ervoor dat je ook wat betreft de audiovisuele ondersteuning goed beslagen ten ijs komt.

Dit alles resulteert in de volgende serie sheets bij het onderwerp Solliciteren op internet:

Sheet 1

Sheet 2

Hoe te solliciteren via internet?

Overzicht en tips

Bij dit plaatje begin je als volgt:
'Jullie hebben allemaal wel eens zo'n kung-fu-achtige vechtfilm gezien, waarin de held wordt bedreigd door een soort supertegenstander. Die tegenstander springt tevoorschijn, vertoont de meest onwaarschijnlijke showbewegingen met zwaard, of stok met het doel de held te imponeren door dit vertoon van vechttechniek. De held pakt vervolgens doodleuk een pistool uit de achterzak en knalt de meester-vechter neer.'

'Aan deze scène moet ik vaak denken als ik mensen bezig zie met solliciteren: advertenties napluizen, research doen, moeilijke brieven schrijven. Dat alles, terwijl je ook kunt volstaan met het achterlaten van je cv op internet! Veel effectiever dan de traditionele brief (omhoog houden)! Dat is het onderwerp waarover ik het vandaag met jullie wil hebben: solliciteren via internet.'

Opening:
- Ik laat een traditionele sollicitatiebrief zien (omhoog houden).
- Tekst: tot voor kort was dit de meest gebruikte manier om aan een baan te komen. In deze presentatie laat ik zien dat dat sinds de komst van internet veranderd is. Hopelijk weet je na deze presentatie hoe je effectief gebruik kunt maken van internet bij het solliciteren.

Uitdelen: hand-out met uitdraai sheets.

Wat komt aan de orde?
- Hoeveel wordt er gesolliciteerd via internet?
- Hoe effectief is solliciteren via internet?
- Op welke manieren vinden mensen in 2010 een baan?
- Verschillen tussen solliciteren op internet en solliciteren op de traditionele manier.
- Hoe solliciteer ik via internet: tips!

Sheet 3

Solliciteren via internet is 'booming business'

Op Monsterboard staan in 2006 *32.000* vacatures (vs 2.900 in 2000, 11.000 in 2004)

In de Nederlandse database van Monsterboard staan in 2009 *853.500* cv's geregistreerd (vs 353.000 in 2004 en 27.000 in 2000)

Sheet 4

Aantal vacatures op Monsterboard

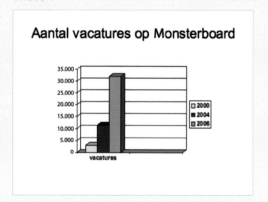

Deze cijfers geven aan dat er in Nederland een enorme toename is in solliciteren via internet (cijfers gevonden op de site van Monsterboard en in een artikel uit *NRC Handelsblad*: Scrollend en klikkend naar een baan (*NRC Handelsblad*, 1 maart 2006).

Sheet 5

Aantal cv's op Monsterboard

Sheet 6

Welke middelen gebruiken mensen in 2006 om een baan te vinden

68%	Carrièresites op internet (zoals Monsterboard)
60%	Dagbladen
45%	Vakbladen
56%	Eigen Netwerk
42%	Websites werkgever

In het artikel uit de NRC staan ook cijfers die aangeven welke middelen men tegenwoordig in Nederland gebruikt om een baan te vinden. Wat blijkt?
Internet wordt het meest gebruikt! De traditionele brief is gepasseerd! (brief nog even omhooghouden)

Sheet 7

Verschillen solliciteren via internet en traditioneel

Internet	Traditioneel
Grotere controle op aanbod vacatures	Minder controle op aanbod vacatures
Veel informatie over specifieke bedrijven	Lastiger om informatie over specifieke bedrijven te krijgen
Sneller solliciteren via sollicitatieformulier	Solliciteren via brief en cv
Je kunt makkelijk je cv plaatsen bij specifieke bedrijven en op carrièresites	Het is niet gebruikelijk om alleen een cv op te sturen, altijd met brief

Ad 3 Laten zien op site Monsterboard: sollicitatieformulier
Ad 4 Laten zien op site Monsterboard: info
over bedrijven, en cv plaatsen, hoe
doe je dat?

Sheet 8

Gevaar: bij solliciteren via internet worden vaak veel slordige fouten gemaakt

Door de sollicitant: sollicitanten springen
slordig om met sollicitaties via internet

Door de werkgever: e-mails worden vaak
niet beantwoord en de sluitingsdatum
wordt op internet niet vermeld

(Bron: onderzoek Intelligence Group, 2006, *Scrollend en klikkend
naar een baan*, NRC, 1 maart 2006)

Het onderzoek waarover in het artikel uit de
NRC wordt geschreven, werd gedaan door
de Intelligence Group, een marktonderzoeksbureau in Rotterdam, in 2006 onder
13789 afgestudeerden aan universiteit of
hogeschool.

Sollicitanten springen slordig om met sollicitaties via internet: ze surfen zich suf naar
jobsites, droppen lukraak hun cv en verliezen overzicht en daarbij vergeten ze hun
eigen sollicitaties op te volgen. Bovendien
staan de sollicitaties vaak vol met typefouten. Hierdoor ontvangen veel bedrijven
junkmail. Bedrijven worden overspoeld
door sollicitaties waarmee ze niks aankun-
nen. Meer dan de helft van de reacties op
onlinevacatures voldoet niet aan de gepubliceerde taakomschrijving.
Gevolg: speciale 'screening software' die
pakken cv's meteen wegfiltert naar de prul-
lenmand.

Door de *werkgever*: e-mails belanden direct
in de inbox van managers of recruiters. In
het postzakkentijdperk opende de secreta-
resse alle brieven. Zij zorgde ervoor dat iemand deze binnen vijf werkdagen beant-
woordde. Als de managers nu de sollicitaties niet meteen beantwoorden, worden ze
gewoon vergeten. Als ze wel terugmailen,
doen ze dat meestal binnen 48 uur. Jack
van Minden (directeur bij loopbaanadvies-
bureau Psycom in Amstelveen) adviseert
om – bij twijfel – brief en cv na te sturen
via de post. 'Dan weet je zeker dat ze aan-
komen.'
Bovendien vermelden werkgevers die adver-
teren op hun eigen website vaak niet wanneer de reactietermijn sluit. Ze hebben niets
aan reacties op banen die al ingevuld zijn,
en voor sollicitanten is niet duidelijk wanneer ze moeten reageren. Uit het onderzoek
van de Intelligence Group blijkt dat grote
banenbanken zoals Monsterboard.nl noch
een plaatsingsdatum, noch een sluitingsdatum vermelden. Waarschijnlijk willen ze dat
de advertentie vier tot zes weken actueel
lijkt. Zo lijkt hun aanbod groter. Wie op
zulke sites zoekt, moet dus dagelijks bijhou-
den welke nieuwe banen er zijn.

·

Solliciteren via internet, hoe?

1 Bedenk wat voor functie je zoekt.
2 Oriënteer je op verschillende werkgevers.
3 Maak regelmatig een top 3 van interessante vacatures.
4 Solliciteer niet op alles!
5 Reageer snel!

Cv op internet

Plaats een goede cv op een (carrière)site.
Geef duidelijk aan:
• wat je kunt;
• wat je wilt;
• interesse in welk soort bedrijf;
• gewenst salaris.

Voordeel: je kunt je cv steeds aanpassen!

6 Tips

1 Vul het sollicitatieformulier zorgvuldig in.
2 Laat zien dat je je in het bedrijf/de functie verdiept hebt, stuur extra's mee!
3 Wees bij een digitale sollicitatie net zo streng op je spelling en stijl als bij een traditionele brief.
4 Vergeet 'oude middelen' (telefoon, netwerk, kranten, banenbeurzen) niet.

Tips (vervolg)

5 Stuur absoluut niet dezelfde open sollicitatie naar verschillende werkgevers tegelijk.
6 Solliciteren via internet is geen geoliede machine! Als je echt geïnteresseerd bent: bel erachteraan!

Ad 5 Stuur nooit dezelfde brief naar verschillende bedrijven. Het is heel belangrijk dat je je specifieke interesse in die ene organisatie laat blijken! Een standaardsollicitatie wordt snel herkend en terzijde gelegd.

Sheet 13

Nadelen

1 Je stuurt de sollicitatie te snel op. Het risico is dat die onzorgvuldig is.
2 Veel sollicitanten reageren te langzaam.
3 Bedrijven gaan er soms slordig mee om.
4 Door het enorme aanbod van vacatures kun je het overzicht kwijtraken.

Sheet 14

Voordelen

1 Je hebt meer zicht op het aanbod.
2 Het verkort en versnelt het oriënteren op een baan.
3 Je hebt meer controle op je sollicitaties.

Sheet 15

Jouw sollicitatie is uniek!

Als je echt geïnteresseerd bent, solliciteer je niet alleen via internet, maar neem je ook persoonlijk contact op!

Sheet 16

'Regels en gebruiken voor solliciteren via internet zijn net zo ingeburgerd als "vroeger" de regels voor het solliciteren via een brief en cv'.

Is dit de uitkomst van een Nederlands onderzoek in de toekomst???

Kung-Fu-gevecht: pak solliciteren makkelijker aan!
Daarnaast geeft de techniek ons prachtige mogelijkheden om sneller en effectiever te kunnen solliciteren. Ik hoop dat jullie deze mogelijkheden met veel plezier zullen gaan gebruiken! Succes!

6.5   Presenteren in de praktijk

Voor een groep studenten een presentatie houden als je zelf nog deel uitmaakt van die doelgroep, is makkelijker dan wanneer je bijvoorbeeld als stagiair een presentatie moet houden voor een managementteam van je stagebedrijf. Als het publiek uit medestudenten bestaat, ken je de codes en hoef je weinig moeite te doen om je taal aan te passen aan je publiek. Dat biedt je de gelegenheid om op andere aspecten te letten. Je kunt bijvoorbeeld in deze presentatie spelen met je intonatie en kijken welke effecten je daarmee kunt bereiken; je kunt experimenteren met het bereik van je stem. Mocht dit eventueel opvallen, dan kun je er altijd nog een grapje over maken.

In Nederland verwachten de studenten dat je hen voortdurend aankijkt. Daardoor blijft iedereen zich betrokken voelen. Je houding is natuurlijk losjes, rechtop en niet wiebelend op hoge hakken, want dan maak je zo'n wankele indruk. Bepaal voor jezelf aan welke vaardigheden je tijdens de presentatie extra aandacht besteedt en gebruik de checklist uit de samenvatting om jezelf te scoren, zodat je weet of je doel bereikt is.

Belangrijk bij je presentatie over solliciteren via internet is je publiek ervan te overtuigen op een juiste manier gebruik te maken van internet bij het solliciteren. Uit je houding en intonatie moet dus enthousiasme blijken. Je moet er duidelijk zelf in geloven! Dan kom je ook authentiek over. Daarnaast is het, gezien je geringe status als internetexpert, belangrijk zeker over te komen. Vermijd aarzelingen, vermijd afzwakkende bewoordingen als: 'misschien', 'eventueel', 'ik denk dat', 'naar mijn idee' en dergelijke. Probeer te benadrukken dat je goede gegevens hebt, die uit betrouwbare bronnen afkomstig zijn.

Oefeningen per hoofdstuk

Alle oefeningen waarachter een * staat, zijn bedoeld voor zelfstudie. De antwoorden ervan zijn te vinden achterin dit boek.

Hoofdstuk 2 Voorbereiding van de presentatie

2.1* Tijdens een informatiemiddag voor tweedejaars heao-studenten over het solliciteren naar een stageplaats, was een van de sprekers een personeelsfunctionaris van een grote Nederlandse bank. De spreker begon zijn presentatie met zichzelf voor te stellen en zette toen al snel de video aan. Hij toonde een video over 'managementtrainees': net afgestudeerde hbo'ers en academici. De video liet zien welke functies de trainees uitvoeren en wat hun verdere loopbaanperspectieven zijn.
   a Welke belangrijke fout maakte deze personeelsfunctionaris?
   b Stel dat jij die personeelsfunctionaris bent. Hoe zou jij je oriënteren op doel, publiek, gewenste indruk, onderwerp en situatie?

2.2 a Bedenk bij elk van de volgende drie presentatieonderwerpen ten minste drie mogelijke publieksgroepen. Omschrijf elk van die publieksgroepen zo concreet mogelijk.
   b Formuleer vervolgens een hoofdvraag voor de presentatie met die specifieke publieksgroep voor ogen en noteer deze. Let er bij je formulering van de hoofdvraag op dat de beantwoording ervan zaken aan de orde stelt die het beoogde publiek daadwerkelijk wil weten.

   1 Traditionele kinderziektes (mazelen, rode hond en dergelijke).
   2 Spelconsoles (X-box, WII, Playstation).
   3 Pokeren op internet.

Hoofdstuk 3 De structuur van begin tot eind

3.1 Schrijf een goede afsluiting van een presentatie waarin je verslag doet van een door jou uitgevoerd onderzoek met als strekking dat er zeer positieve vooruitzichten zijn om de producten van je bedrijf te introduceren op de Poolse en Tsjechische markt.

3.2 Schrijf eenzelfde inleiding als bij vraag **3.1**, maar nu met de strekking dat het voorlopig moet worden afgeraden om naar landen als Polen en Tsjechië te exporteren.

3.3* Hierna volgt een volledig uitgeschreven presentatie. Het betreft een inleiding op een debattoernooi, georganiseerd door Helios (de studentenvereniging van de faculteit Neerlandistiek van de UvA). Lees die tekst en beantwoord daarna de vragen.

Goedenavond iedereen, hartelijk welkom op dit tweede debattoernooi. Helios is zeer verheugd dat zij opnieuw een toernooi kan organiseren na het succes van vorig jaar. Dat jaar waren er maar liefst twintig teams die zich inschreven; u zult begrijpen dat die niet allemaal mee kunnen doen aan dit toernooi. Er heeft dus een selectie plaatsgevonden, volgens het principe 'wie het eerst komt, die het eerst maalt'. Dat is spijtig voor de late inschrijvers, maar wellicht zit er nog een kans in dat er voor hen een tweede toernooi wordt georganiseerd. Voordat het debat zal losbarsten, wil ik u eerst wat meer vertellen over de gang van zaken van vanavond.

Het debat, zoals dat vanavond zal plaatsvinden, is opgezet volgens de succesvolle theorie van het 'American Debate'. In de VS is het al bijna een eeuw lang traditie dat de verschillende 'highschools' en 'universities' meedoen aan plaatselijke, regionale en landelijke toernooien. Vooral de landelijke toernooien staan in een hoog aanzien; de winnaars hiervan zullen weinig problemen ondervinden bij het maken van een succesvolle carrière. Helaas kan Helios de winnaar van dit toernooi niet zulke kansen bieden. Echter, onze prijs lijkt ook wel benijdenswaardig. De winnaars van dit tweede toernooi mogen naar de landelijke finale van het Amerikaanse debattoernooi van dit jaar. Deze finale vindt plaats op 29 april op 'Harvard University'.

Vanavond zullen de eerste twee teams aan het woord komen. Het eerste team bestaat uit twee studenten die momenteel als stage een cursus 'Spreken in het openbaar' bij KPN geven. Het tweede team bestaat uit twee studenten die vorig jaar ook al meededen; ze kwamen toen tot de tweede ronde. Wellicht hebben ze dit jaar meer succes. Deze twee teams zullen beoordeeld worden door een 'jury met aanzien': de oud-voorzitter van de Tweede Kamer, Jeltje van Nieuwenhove, de huidige voorzitter van de tweede kamer, Gerdi Verbeet, en de man die het 'American Debate' in Nederland geïntroduceerd heeft, professor Braet.

Zoals het in de VS gebruikelijk is, wordt ook hier gedebatteerd over een wel-of-niet uit te voeren maatregel. Vanavond en de overige vier avonden zal het debat gaan over een onderwerp dat al bij menigeen een discussie heeft doen uitlokken. De inzet van het debat betreft de volgende stelling: er moet in Nederland een spitsheffing voor automobilisten worden ingevoerd.

Hoe gaat dit debat nu in zijn werk? Zoals ik al zei, zullen telkens twee teams het tegen elkaar opnemen. In totaal zijn er tien teams die gedurende vijf avonden tegen elkaar debatteren. Een team van twee voorstanders neemt het steeds op tegen een team van twee tegenstanders. De voorstanders hebben de bewijslast. Dat wil zeggen dat de jury ervan uitgaat dat de huidige situatie gehandhaafd moet blijven, totdat de voorstanders met overtuiging het tegendeel hebben bewezen. Dus wanneer de voorstanders de jury niet van de wenselijkheid van het invoeren van een spitsheffing overtuigen, dan winnen de tegenstanders.

Het debat bestaat uit vier verschillende spreekbeurten: ieder team mag twee keer aan het woord komen. De teams zullen om de beurt aan het woord komen; de voorstanders beginnen. De jury beoordeelt de teams op basis van zes standaardgeschilpunten. De voorstanders moeten de jury van de volgende zes punten overtuigen:
1 De huidige situatie op de Nederlandse wegen is problematisch.
2 De problemen op de Nederlandse wegen zijn zeer ernstig.
3 De problemen op de wegen worden veroorzaakt door het huidige beleid.

> 4 Het invoeren van een spitsheffing is uitvoerbaar.
> 5 Het invoeren van een spitsheffing is doeltreffend: het lost de eerdergenoemde problemen op.
> 6 De voordelen van de spitsheffing wegen op tegen de nadelen die eraan kleven.
>
> De tegenstander hoeft maar bij een van deze zes punten twijfel te zaaien, of hij heeft gewonnen. De jury let alleen maar op de argumentatie; breedsprakigheid en lachwekkende passages maken het geheel voor u smeuïg, de jury heeft daar geen boodschap aan.
>
> Dan wordt het nu tijd om te beginnen. Het debat duurt ongeveer twintig minuten, daarna trekt de jury zich terug. Tijdens het juryberaad is er in de kantine voor iedereen een drankje. Om ongeveer 21.00 uur verwachten we de jury terug. Hierna is er volop gelegenheid om het winnende team te feliciteren in café Scheltema. Dan rest mij niets anders dan iedereen een plezierige avond toe te wensen en de teams veel succes.

a* Welke kritiek kun je op deze uitgeschreven presentatie geven?
b* Ontwerp een spreekschema voor deze presentatie, bestaande uit drie of vier systeemkaartjes. Verwerk in dit spreekschema ook de kritiek die je bij **a** hebt gegeven.
c Ontwerp een aantal sheets (PowerPoint) die deze presentatie ondersteunen.

3.4* Stel, je houdt een presentatie over het gebruik van de mobiele telefoon door kinderen voor een groep eerstejaars pabo-studenten.
a* Schrijf een inleiding waarin je gebruikmaakt van een pakkende opening door middel van het schetsen van de voorgeschiedenis, of door middel van een retorische vraag.
b Schrijf ook een afsluiting die past bij a, zodat je een 'ronde structuur' krijgt.
c* Schrijf eenzelfde soort inleiding, alleen nu houd je je presentatie in het kader van een thema-avond over jeugdcultuur op de basisschool waar je stage loopt. De avond is georganiseerd voor ouders van de kinderen in groep 8, die over een paar maanden naar het voortgezet onderwijs gaan.

3.5 Beschrijf een anekdote uit je eigen leven. Doe dit op een manier die aantrekkelijk is voor het publiek. Oefen in het authentiek overkomen. De anekdote moet de inleiding van een serieuze presentatie worden. (Bijvoorbeeld: hoe ik met voetballen mijn been brak als inleiding op een presentatie over spelverruwing. Of: hoe ik dronken werd van de hoestdrank als inleiding op een presentatie over kindersterfte door verkeerd medicijngebruik.)
a Enkele studenten presenteren de presentatie in de klas.
b Andere studenten presenteren de anekdote van hun medestudent nog eens. Soms wordt de anekdote beter als een ander die vertelt.

3.6 Vorm groepjes van drie en kies een van de volgende stellingen:

> 1 Vóór 9 uur 's avonds mogen er geen gewelddadige films worden vertoond, zowel bij de commerciële als de publieke zenders.
> 2 Er moet in Nederland veel strenger worden op leeftijd worden gecontroleerd bij alcoholgebruik.

> 3 Ambtenaren en leerkrachten mogen tijdens hun werk geen kleding dragen
> (keppeltje, hoofddoek, tulband) waarmee ze uiting geven aan hun
> godsdienstige opvattingen.

Bereid gedrieën een *indirecte opening* voor van een presentatie voor je
klasgenoten. Probeer te beginnen met een anekdote, voorbeeld, of
vergelijkbaar iets uit reclame of film. Spreek af wie de inleiding (te beperken
tot één minuut) namens jullie drieën ook daadwerkelijk presenteert.

3.7* Lees de volgende tekst.

> Het is niet druk op de afdeling Burgerzaken en aan 'mijn' loket ben ik bijna
> aan de beurt. Aan een ander loket wordt een discussie gevoerd. 'Regels zijn re-
> gels, mijnheer. Naar dit nummer moet u bellen om een afspraak te maken',
> hoor ik de ambtenaar antwoorden, waarna hij een kaartje op de balie legt.
> Met een diepe zucht haalt de man demonstratief een mobieltje uit zijn broek-
> zak en toetst het telefoonnummer in.
> Achter de balie rinkelt de telefoon. De ambtenaar neemt op en tikt gewichtig
> op zijn toetsenbord. Nadat het telefoongesprek is beëindigd, loopt de ambte-
> naar met een innemende glimlach terug naar de balie en zegt tegen de man:
> 'Dag mijnheer, u hebt gebeld om een afspraak te maken?'
> (Bron: ik@nrc.nl: NRC-Next, 5-8-2009)

Stel dat je deze anekdote zou willen gebruiken als indirecte inleiding van een
presentatie. Bedenk in tweetallen ten minste vier onderwerpen, waarvoor je
dit verhaaltje als opening zou kunnen gebruiken. Kies één van deze
onderwerpen en spreek af wie van jullie beiden de opening voor deze
presentatie (die je verder inhoudelijk niet hoeft uit te werken) verzorgt. Zorg
dat je na het indirecte begin goed duidelijk maakt waarover je verdere
presentatie handelt. Presenteer vervolgens je aldus voorbereide presentatie-
inleiding voor de klas.

3.8 Opdracht presenteren
Vorm een groepje van twee of drie studenten en kies met elkaar drie of vier
recente televisiecommercials die jullie leuk, verrassend, opvallend vonden.
Probeer bij de twee meest aansprekende commercials te bedenken hoe je het
verhaaltje of het opgeroepen beeld zou kunnen gebruiken bij een indirecte
opening van een presentatie.
In dit geval zoek je dus geen anekdote, situatieschets bij een al gekozen
presentatieonderwerp, maar je verzint mogelijke presentatieonderwerpen
bij een leuk aansprekend voorbeeld (in dit geval ontleend aan televisiecommercials).

Heb je enkele mogelijke presentatieonderwerpen bedacht bij een
commercial, bereid dan per persoon een indirecte inleiding van maximaal
één minuut voor bij dat presentatieonderwerp. Ieder houdt dus individueel
een korte presentatie, die beperkt blijft tot de inleiding.

Hoofdstuk 4 Ondersteuning bij de presentatie

4.1* Hierna vind je een sheet die gebruikt is tijdens een presentatie over het beeld dat heao-studenten hebben van de commerciële omroep SBS6. De tabel geeft aan naar wat voor soort programma's de studenten nu het meest kijken (op alle zenders) en welke programma's ze in de toekomst meer bij SBS6 zouden willen zien.

Soort programma	% nu	% voor toekomst
Informatief	26	12
Sport	32	26
Talkshow	14	5
Erotisch	4	8
Spel	2	3
Actie	29	16
Comedy	31	30
Serie	24	11
Soap	9	3
Magazine	6	6
Film	50	59
Anders	0	3

Ontwerp op basis van de hier vermelde gegevens een alternatief sheet, waarop in één oogopslag duidelijk wordt wat het verschil is tussen het percentage programma's dat de studenten nu bekijken en wat in de toekomst bij SBS6 gewenst is.

4.2* Opdracht Warmenhoven (*Opmerking: alle gegevens in deze oefening zijn fictief.*)

Je vriendin heeft een baantje bij de Intertoys-vestiging in Warmenhoven. Je hebt haar al vaak horen klagen over de slecht geventileerde eerste verdieping in de zomermaanden; daar zou toch eigenlijk een airco moeten worden geplaatst, vindt ze. In een recent werkoverleg heeft ze het onderwerp aangekaart bij de leiding van de vestiging. Deze heeft haar gevraagd een voorstel te doen en dit ook (in een minuut of tien) te presenteren op het eerstkomende werkoverleg. Ze doet immers een heao-opleiding, dan moet een presentatie een koud kunstje zijn.

Je vriendin heeft de uitdaging aangenomen en ze heeft flink wat materiaal verzameld voor haar presentatie. Ze heeft je een afdruk van haar Power-Pointsheets gegeven met de vraag 'er ook eens goed naar te kijken'; ze heeft nu het gevoel dat het misschien wel wat veel is. Helaas is het stapeltje nogal door de war geraakt en moet je dus zelf de vermoedelijke volgorde reconstrueren. Overmorgen houdt ze haar presentatie.

Je doet twee dingen:
1 Je stelt vast wat de goede volgorde is en gaat na of alle sheets wel functioneel zijn in haar verhaal.
2 Je doet voorstellen voor het eventueel schrappen, toevoegen of wijzigen van sheets.

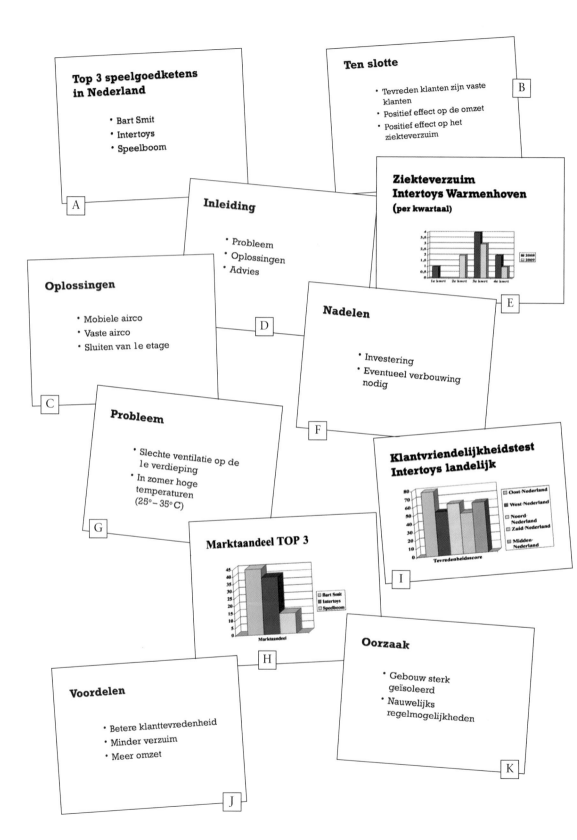

Top 3 speelgoedketens in Nederland

- Bart Smit
- Intertoys
- Speelboom

A

Ten slotte

- Tevreden klanten zijn vaste klanten
- Positief effect op de omzet
- Positief effect op het ziekteverzuim

B

Inleiding

- Probleem
- Oplossingen
- Advies

D

Ziekteverzuim Intertoys Warmenhoven (per kwartaal)

E

Oplossingen

- Mobiele airco
- Vaste airco
- Sluiten van 1e etage

C

Nadelen

- Investering
- Eventueel verbouwing nodig

F

Probleem

- Slechte ventilatie op de 1e verdieping
- In zomer hoge temperaturen (25° – 35°C)

G

Klantvriendelijkheidstest Intertoys landelijk

I

Marktaandeel TOP 3

H

Oorzaak

- Gebouw sterk geïsoleerd
- Nauwelijks regelmogelijkheden

K

Voordelen

- Betere klanttevredenheid
- Minder verzuim
- Meer omzet

J

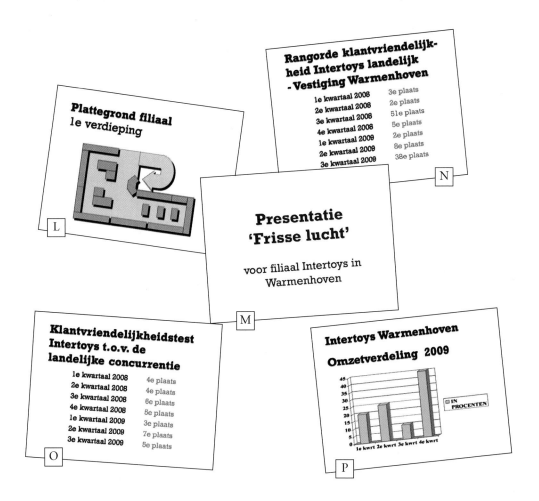

4.3 Bereid een éénminuutpresentatie voor over een onderwerp waar je veel over weet te vertellen. Houd rekening met de volgende aandachtspunten:
- goede opening;
- het publiek op je hand krijgen;
- goede afsluiting.

Blijf bij je gevoel en zorg dat je iets vertelt waar je helemaal achter staat.

4.4 Bereid een productpresentatie van vijf minuten voor in PowerPoint. De presentatie moet gaan over een tekst die je geschreven hebt of over een ander product dat je gemaakt hebt. Je moet rekening houden met de volgende gegevens:
- De opening moet pakkend zijn.
- De structuur van je presentatie moet duidelijk zijn.
- Het publiek bestaat uit je opdrachtgever en andere genodigden.
- Je moet je opdrachtgever welwillend stemmen in de eerste minuut van je presentatie.
- Je moet zelf overtuigd zijn van de kwaliteit van je product.
- Laat veel interessante kanten zien van je product.

- Neem de tijd om je teksten, beelden, materialen duidelijk te illustreren, bijvoorbeeld door het product in te scannen.
- De opmerkingen die je over je product maakt, moeten zichtbaar zijn.
- Zorg voor een goede afsluiting met een duidelijke kernzin die bij het publiek blijft hangen.
- Gebruik niet te veel dia's.

Maak gebruik van alle relevante mogelijkheden die Powerpoint of een ander presentatieprogramma je biedt.

4.5 Bereid een presentatie voor zonder gebruik te maken van PowerPoint of een YouTube-filmpje. Zie subparagraaf 4.2.3 voor suggesties. Maak wel gebruik van de volgende twee hulpmiddelen:
- een voorwerp laten zien/iets laten proeven;
- interactie met het publiek.

4.6* Zoek het filmpje van Susan Boyle op op internet. Dit filmpje zegt iets over authenticiteit. Kun jij aangeven wat je van Susan Boyle kunt leren als het gaat om het houden van een presentatie?

4.7 In subparagraaf 4.2.4 wordt ingegaan op het betrekken van het publiek bij de presentatie. In de meest ver doorgevoerde vorm kun je een volledig vraaggerichte presentatie opzetten. Tijdens de voorbereiding bouw je verschillende blokken uit van je presentatie en je geeft je publiek de keuze welke blokken je gaat presenteren en in welke volgorde. Het thema van de presentatie kun je zelf bepalen. Als je dat lastig vindt, dan is het ook goed als je een presentatie voorbereidt over je ideale stageplaats. Je bereidt minimaal vier inhoudelijke blokken voor en een beginblok en een afrondingsblok. Bedenk ook van tevoren hoeveel invloed je het publiek precies wilt geven (alleen de volgorde of ook een deel van de inhoud laten bepalen).

4.8 Betrekken van je publiek bij een presentatie kun je ook realiseren door je bijvoorbeeld te laten sms'en. Als je dat doet tijdens de presentatie moet je je daar goed op voorbereiden. Deze opdracht is daarvoor bedoeld. Bereid een presentatie voor over een willekeurig onderwerp. Verzin drie stellingen over dat onderwerp waar het publiek op kan reageren in de volgende vorm:
a Stelling 1
b Stelling 2
c Stelling 3

Jij geeft je mobiele nummer en het publiek kan jou sms'en tijdens de presentatie. Aan het eind maak je bekend welke stelling het meeste stemmen heeft gekregen.

Hoofdstuk 5 Presenteren in de praktijk

5.1 De volgende oefeningen zijn bedoeld om je houding en spreektechniek te verbeteren.

a Dit is je basishouding. Ga rechtop staan, kantel je bekken, zak een klein beetje door je knieën, verdeel je gewicht gelijkmatig over je voeten, zorg voor een rechte rug en rechte schouders. Trek je buik niet in, houd je nek ontspannen en ontspan je kaken.

b Dit is je ideale ademhaling. Zorg dat je ademt met je buik, leg ter controle je hand op je buik, onder je navel, adem door je neus, blaas lucht uit op een F. Ontspan je buik aan het eind van de ademhaling; de adem komt vanzelf weer binnen.

c Train je ideale ademhaling. Tel van één tot zover je kunt op één adem. Herhaal dit een aantal keer. Je komt als het goed is steeds verder.

d Train je houding en je ademhaling. Loop rond terwijl je luid en duidelijk de dagen van de week opzegt. Let daarbij op je houding (rechtop en ruimte geven aan je longen) en op je ademhaling (vanuit de buik en door je neus inademen).

e Meet de kracht van je stem. Neem een aanloopje waarbij je ervoor zorgt dat de trein stopt als je het volgende roept: STOP THAT TRAIN!

f Train je articulatie. Spreek de volgende tekst uit:
'De kat krabt de krullen van de trap.'
'Laat maar gaan.'
Controle: de onderkaak moet soepel bewegen. (Om te weten hoe het niet moet: oefen met de kiezen op elkaar.)

g Train je articulatie. Spreek de volgende tekst uit:
'Loop maar gewoon door.'
'Doodgewoon.'
Controle: de mond moet een trompet zijn. (Om te weten hoe het niet moet: oefen met spleetmond.)

h Train je articulatie. Spreek de volgende tekst uit:
'Lalalalalala.'
'Lielielielielie.'
Controle: de tongpunt moet tegen het gehemelte vlak achter de tanden aantikken.
Toepassing: eerst langzaam, dan tempo opvoeren.

i Articulatieoefening met kurk. Klem de kurk tussen je tanden en probeer verstaanbaar de volgende teksten te zeggen:
'Potten en pannen.'
'Piepende poppen.'
'Beetje bij beetje.'
'Boter bij de vis.'
'Kapotte kousen.'
'Tintelende tenen.'
Controle: op deze manier maak je goed gebruik van je articulatie.

j Bepaal je eigen stemhoogte door 'hè, hè' te zeggen en lees vervolgens op die hoogte een stuk tekst voor.
Controle: de hè-hè-hoogte is de ideale hoogte van je stem.

5.2* Stel, je hebt als heao-student stage gelopen bij een grote doe-het-zelfketen. Uit het klanttevredenheidsonderzoek dat je hebt uitgevoerd, komt nogal wat kritiek naar voren over de deskundigheid van het personeel, de beperkte beschikbaarheid van aanbiedingen en de vindbaarheid van producten in de winkels. Aan het eind van je stage van drie maanden presenteer je je onderzoeksresultaten voor het algemene management plus de leden van de marketingafdeling. Je publiek is misschien wel onder de indruk van je mooie PowerPointsheets, maar ze zijn bepaald niet blij met wat je te vertellen hebt. Na afsluiting van je presentatie met de vraag: *zijn er nog vragen?*, komen de volgende drie vervelende vragen op je af:

1 Hoe kom je bij het idee dat je ons als tweedejaarsstudent kunt zeggen wat wij moeten doen, terwijl je hier nog geen drie maanden hebt rondgelopen?
2 Weet je als tweedejaarsstudent eigenlijk wel hoe je een goed klantenonderzoek hoort uit te voeren?
3 Ik vind de vragen in de enquête die je hebt uitgevoerd wel erg suggestief.

Hoe kun je deze vragen beantwoorden met behoud (of zelfs versterking) van je geloofwaardigheid en zonder al te bot in te gaan tegen deze vragenstellers?

5.3 Vragen stellen

Het beantwoorden van vragen tijdens en na de presentatie is een uitgelezen kans om de kern van je boodschap nog een keer te herhalen. Soms kom je echter lastige portretten tegen. In subparagraaf 5.1.4 wordt nader ingegaan op de verschillende types die een vraag kunnen stellen tijdens de presentatie.

Werk in tweetallen. De ene student bereidt een presentatie voor, bijvoorbeeld over zijn hobby of passie. De andere student bereidt drie lastige vragen voor. Daarbij maakt de vragensteller gebruik van het overzicht in subparagraaf 5.1.4 (tabel 5.1). Elk van de drie vragen vertegenwoordigt een ander type lastige vragensteller. De presentator bereidt antwoorden voor op die lastige vragen. Na deze voorbereiding wordt de presentatie gehouden en worden de vragen gesteld en de antwoorden gegeven. De vraag aan het publiek is in hoeverre de antwoorden op de vragen het ethos van de spreker hebben bevestigd of zelfs verbeterd.

Antwoorden per hoofdstuk

Hoofdstuk 2 Voorbereiding van de presentatie

2.1 a De personeelsfunctionaris heeft zich van tevoren niet goed georiënteerd op zijn publiek. De tweedejaars heao'ers zijn immers niet primair geïnteresseerd in een loopbaan bij de bank; ze willen weten hoe ze aan een stageplaats kunnen komen. De personeelsfunctionaris heeft dus vooral rekening gehouden met zijn langetermijndoelstelling: een gunstig beeld van de bank scheppen zodat zo veel mogelijk heao'ers na hun studie komen solliciteren bij die bank. Het kortetermijndoel: 'hoe komt een tweedejaars heao'er aan een stageplaats bij de bank?' werd niet aangekaart.

b *Doel*
Korte termijn: laten zien hoe een tweedejaars heao'er bij de bank aan een stageplek kan komen; handige tips geven.
Lange termijn: een gunstig beeld van de bank scheppen, zodat de heao'ers na hun studie solliciteren bij de bank.

Publiek
Interesse: de heao'ers willen tips over hoe ze aan een stageplaats kunnen komen (vooral algemeen geldende tips, die niet alleen voor deze organisatie opgaan).
Voorkennis: heao'ers weten wel van het bestaan van de bank; ze weten in principe niets van stagelopen bij die bank.
Houding: waarschijnlijk neutraal tot geïnteresseerd.

Onderwerp
De centrale vraag in deze tweede presentatie zou moeten zijn: wat moeten tweedejaars heao'ers doen om kans te maken op een stage bij de bank?

Gewenste indruk
Onze bank staat welwillend tegenover heao-stagiaires, maar stelt wel eisen. Door kleding en optreden een correct-zakelijke uitstraling realiseren.

Situatie
De presentatie mag niet te lang duren (ongeveer 20 tot 25 minuten).

Hoofdstuk 3 De structuur van begin tot eind

3.3 a • De inleiding is niet erg pakkend; de belangstelling van het publiek kan op een betere manier worden opgewekt.
• Het slot bevat geen 'uitsmijter'.
• Er zitten bijna geen structuursignalen in deze presentatie. Dat maakt het voor de luisteraar moeilijk deze presentatie goed te volgen.

b Een spreekschema kan van persoon tot persoon verschillen. De volgende punten moeten echter in ieder geval in het spreekschema staan (afgezien van de kritiek, zoals geformuleerd bij **a**).

Introductie
Goedenavond, welkom op het tweede debattoernooi. Helios is zeer verheugd...

Twintig teams: selectie
Late inschrijvers: tweede toernooi

Vertellen over gang van zaken

Inhoud
Opgezet volgens 'American Debate'
Eeuw lang traditie op highschools en universities
Landelijk toernooi: hoog aanzien

Voorstellen teams en jury

Inzet van het debat: er moet in Nederland een spitsheffing voor automobilisten worden ingevoerd (stelling op sheet).

Hoe gaat debat in z'n werk? (sheet)
· Twee teams (totaal tien)
· Voorstanders bewijslast = zij moeten jury overtuigen van wenselijkheid invoeren spitsheffing
· Vier beurten
· Zes standaardgeschilpunten (zes punten op apart sheet):
  1 De huidige situatie op de Nederlandse wegen is problematisch.
  2 De problemen op de Nederlandse wegen zijn zeer ernstig.
  3 De problemen op de wegen worden veroorzaakt door het huidige beleid.
  4 Het invoeren van een spitsheffing is uitvoerbaar.
  5 Het invoeren van een spitsheffing is doeltreffend: het lost de eerdergenoemde problemen op.
  6 De voordelen van de spitsheffing wegen op tegen de nadelen die er aan kleven.
· Jury: argumentatie

  Slot
· Tijd om te beginnen
· Debat: 20 minuten
· Jury: terugtrekken, wij drankje
· Daarna: Scheltema

c Sheets die deze presentatie duidelijk ondersteunen:
  · stelling waarover gedebatteerd wordt;
  · verloop van het debat;
  · de zes standaardgeschilpunten.

3.4 a Allerlei soorten openingen zijn mogelijk. Belangrijk is dat de centrale vraag past bij het publiek. Voor eerstejaars pabo-studenten is het wellicht interessant om te horen hoe intensief kinderen vanaf een jaar of 8 al gebruikmaken van de mobiele telefoon.

c Voor ouders van kinderen uit groep 8 zijn wellicht de volgende vragen interessant: wat doen kinderen met hun mobiele telefoon? Is het wel verantwoord dat mijn kind hier ook (intensief) gebruik van maakt? Hoe houd ik een beetje controle op wat er allemaal mee gebeurt?

3.7 Mogelijke presentatieonderwerpen die aan deze burgerzaken-anekdote te koppelen zijn:
- de kwaliteit van de dienstverlening van de overheid;
- de voor- en nadelen van het vastleggen van regels;
- klantvriendelijkheid;
- meest voorkomende ergernissen;
- hoe houd je je als burger staande in een bureaucratie?
- de humor ligt op straat.

Hoofdstuk 4 Ondersteuning bij de presentatie

4.1 Op de sheet moet in ieder geval een informatieve titel staan. Het duidelijkst is hier een staafdiagram waarin zowel de huidige als de gewenste situatie is aangegeven. De twee verschillende soorten 'staven' hebben ieder hun eigen arcering.

4.2 Belangrijk bij deze opdracht is vast te stellen wat het precieze doel is van de presentatie. In dit geval is het doel de bedrijfsleiding van het Intertoys-filiaal Warmenhoven ervan te overtuigen dat er een airco geplaatst moet worden op de eerste verdieping. De algemene gedachtegang in deze presentatie zal zijn: wat is het probleem - waaruit blijkt dat het een serieus probleem is - wat is de oorzaak van het probleem - welke mogelijke oplossingen zijn er - wat zijn de voor-/nadelen van iedere oplossing - welke oplossing moeten we kiezen?

Sheets/slides die dan zeker niet relevant zijn voor de gedachtegang in deze presentatie: A, H, I en O. Op de sheets A en H staat algemene informatie over de Nederlandse speelgoedbranche, die ongetwijfeld weinig nieuws bevat voor het publiek. De informatie op slide I en O biedt geen onderbouwing voor de ernst van het probleem.

Sheet L, de plattegrond, is overbodig, aangezien het publiek echt wel weet hoe de eerste verdieping van het eigen filiaal eruit ziet.

Van slide P kun je je afvragen of deze bruikbaar is; het zou een algemeen patroon kunnen zijn in speelgoedwinkels dat in de zomerperiode de omzet flink daalt. Als dat zo is, dan biedt deze sheet geen duidelijke aanwijzing dat er in de zomer in dit filiaal iets aan de hand is.

De meest voor de hand liggende volgorde is: M - D - G - (E/P/N) - K - C - J - F - B.
De volgorde van E, P en N is arbitrair. Het gaat om drie slides die een aanwijzing vormen dat zich in de zomer, kwartaal 3, inderdaad een probleem voordoet op de Intertoys-vestiging Warmenhoven.

Wat nog ontbreekt in deze presentatie is een sheet waarop de conclusie staat vermeld. Uit de tot nu toe gemaakte slides blijkt niet welke van de drie oplossingen je vriendin aan het management wil adviseren. De sheet met de gekozen oplossing zou tussen C en J moeten worden geplaatst.

Bij sommige slides zou nog wel iets te verbeteren zijn:
- E: cijfers van 2009 ontbreken bij het eerste kwartaal en de cijfers van 2008 bij het tweede kwartaal. Bovendien is er niet aangegeven wat de y-as nu precies vermeldt. De bron voor deze grafiek staat niet vermeld.
- N: de bron voor deze tabel wordt niet vermeld.

4.6 Susan Boyle is een Schotse zangeres die via het programma *Britain got talent* wereldwijd doorbrak. Filmpjes van haar zijn heel vaak bekeken. Haar optreden in het televisieprogramma is ontroerend. In Wikipedia staat een beschrijving van haar leven.

De kern van het antwoord moet drie van de volgende elementen bevatten:
- authenticiteit, je niet anders voordoen dan dat je bent;
- er zelf in geloven, alleen dan kun je de sterren van de hemel zingen;
- respect afdwingen met je prestatie, ongeacht hoe je eruitziet;
- overtuigend zijn, terwijl het publiek en de jury er geen vertrouwen in hebben.

Hoofdstuk 5 Presenteren in de praktijk

5.2 Zorg dat je bij je beantwoording begrip toont voor de vragensteller, zelfs als je de vraag in eerste instantie ervaart als een motie van wantrouwen. Ga niet in het defensief, maar geef aan dat het je niet verbaast dat men met opgetrokken wenkbrauwen naar je opmerkingen luistert; je loopt inderdaad nog niet erg lang in de organisatie rond. (Zo veer je mee met de vragensteller.) Je conclusies mogen dan misschien vervelend worden gevonden, toch berusten ze op degelijk opgezet en grondig uitgevoerd onderzoek. (Zo verhoog je je geloofwaardigheid als onderzoeker.) Het belangrijkste is: je geeft de mening van de klanten weer, niet die van jezelf, anders zou je inderdaad je boekje als onderzoeker te buiten gaan. En vinden wij met elkaar de mening van de klant niet het allerbelangrijkst? (Zo sluit je aan bij de opvatting van je stagebedrijf.)

Literatuuroverzicht

Bloch, D. (2002). *Presentatiemythen, Fabels over presenteren weerlegd*. Schoonhoven: Academic Service.

Bloch, D., & L. Tholen (1997). *Persoonlijk Presenteren*. Uitgeverij Samsom.

Bloch, D.(2000). *Presenteren*. 2^e druk. Kluwer.

Blokzijl, W & R. Naeff. (2001), Zoevende zinnen en vliegende vlakken. Adviezen voor PowerPointpresentaties. In: *Onze Taal 70*, nr 12 (december), p. 346-349

Blokzijl, W. & R. Naeff (2001). Het publiek kijkt zijn ogen kapot, Een onderzoek naar publiekswaarderingen voor PowerPoint. In: *Tekst[blad]*, nr. 2 (juli).

Braas, C., R. van Couwelaar & J. Kat (2006). *Taaltopics, Rapporteren*. 3^e dr. Groningen: Wolters-Noordhoff.

Braas, C., E. van der Geest & A. de Schepper (2006). *Taaltopics, Argumenteren*. 3^e dr. Groningen: Wolters-Noordhoff.

Braas, C., J. Krijgsman & L. van der Pas. *Taaltopics, Corresponderen* (2005). 3^e dr. Groningen: Wolters-Noordhoff.

Geemert, K. van & J. Bosch (2004). *Succesvol presenteren*. Kampen: Kok.

Janssen, D., (red.) (2007). *Zakelijke communicatie*. 5e herziene druk. Groningen: Wolters-Noordhoff.

Hilgers, F., & J. Vriens (2003). *Professioneel presenteren, handleiding bij het verzorgen van informatieve en overtuigende presentaties*. Schoonhoven: Academic Service.

Jong, J.C. de & B. Andeweg (2004). *De eerste minuten, Attentum, benevolum en docilem parare in de inleiding van toespraken*. Den Haag: SDU. Dissertatie K.U. Nijmegen.

Korswagen, C.J.J. (1990). *Drieluik mondelinge communicatie, Deel I Gids voor de techniek van het doeltreffend spreken, presenteren en instrueren: unilaterale communicatie*. Deventer: Van Loghum Slaterus.

Lamb, R. *Trendwatcher.com, 10 trends*. Backhuys Publishers Leiden, 2004

Mascini, L. (2006) Scrollend en klikkend naar een baan. In: *NRC-Handelsblad 1 maart 2006*

Meiden, A. van. *Over spreken gesproken; aspecten van moderne retorica* (1991). Groningen: Wolters-Noordhoff.

Minden, J.J.R. van (2001). *Alles over solliciteren op internet, Het meest uitgebreide overzicht van internetvacaturebanken en andere banensites*. 2e geheel herz. dr. Amsterdam enz.: Business Contact.

Mulder, M., & G. Schadee (1997). *Kort en goed presenteren*. Kluwer Bedrijfsinformatie.

Palm, H. & M.E. Palm-Hoebé (2000). *Effectieve zakelijke presentaties*. 2e dr. Groningen: Wolters-Noordhoff.

Reynolds, G (2008). *PresentatieZen, De kracht van eenvoud bij het ontwerpen en geven van presentaties*. Amsterdam: Pearson.

Smitskamp, I (2009). *Woorden laten spreken, de fijne kneepjes van het presenteren*, Amsterdam: Mediawerf, mei 2009

Spek, E. van der (2002). *Overtuig uw publiek! Doeltrefende toespraken en presentaties schrijven*. Alphen a/d Rijn enz.: Kluwer. (Communicatie dossier nr. 19.)

Spek, E. van der, J. van den Bulck & J. de Jong (2001). *Mag ik uw aandacht? Meer vuurwerk in uw presentaties*. Z. pl.: Samsom. (Communicatie memo nr. 19).

Steehouder, M.F., C.J.M. Jansen, K. Maat, e.a. (2006). *Leren Communiceren; handboek voor mondelinge en schriftelijke communicatie*, 4e druk, Groningen: Wolters-Noordhoff.

Wagenaar, W.A. (1999). *Het houden van een presentatie,* 5^e druk. Rotterdam: NRC Handelsblad.

Wiertzema, K., & P. Jansen (1995). *Doelmatig communiceren: Spreken in het openbaar.* Bussum: Dick Coutinho.

Wiertzema, K. (2004). *Communicatie en management/ Spreken in het openbaar,* 2e editie, Amsterdam: Pearson Education.

Witt, C., D. Fetherling (2009). *Echte leiders gebruiken geen PowerPoint, een krachtige visie op Presenteren.* Houten: Spectrum.

Over de auteurs

Cees Braas, Judith Kat en Inge Ville zijn de drie auteurs van *Taaltopics Presenteren*. Zij zijn alledrie werkzaam in het hoger onderwijs. Aan het begin van hun carrière waren zij docent taalbeheersing op de Hogeschool Utrecht. In een inspirerende vakgroep taalbeheersing hebben zij daar de basis gelegd voor de Taaltopicsreeks. **Cees Braas** is daar nog altijd in dienst. Hij geeft met veel plezier les en is naast zijn docentschap altijd bezig met het ontwikkelen en verbeteren van onderwijs. Hij is co-auteur van nagenoeg alle deeltjes van de serie Taaltopics. Daarnaast verzorgt hij regelmatig schrijftrainingen voor het Centrum voor Communicatie en Journalistiek van de Hogeschool Utrecht. **Judith Kat** werkt inmiddels als Account Manager Training en Coaching bij INHolland Academy. Zij heeft haar sporen verdiend als docent aan de Hogeschool Utrecht en INHolland. Zij heeft ervaring met economisch onderwijs en onderwijs aan leraren op de basisschool. Inmiddels heeft zij haar expertise verbreed met commercieel denken en coaching. **Inge Ville** werkt als programmamanager hbo bij het Instituut voor Sociale en Bedrijfswetenschappen (ISBW). Na haar docentschap bij de Hogeschool Utrecht heeft zij gewerkt als hoofd onderwijsinnovatie en internationalisering bij diezelfde hogeschool. Vervolgens is zij een jaar beleidsmedewerker onderwijs geweest bij de Universiteit Twente. Zij was daar adviseur van het College van Bestuur. Inmiddels werkt zij als programmamanager waarbij ze weer een stuk dichter bij het primaire proces is. Zij bekijkt het hoger onderwijs nu ook vanuit een commerciëler perspectief.

Illustratieverantwoording

Register